Für alle, die ihr Leben
positiv verändern möchten!

Laufen lieben lernen

Iris Hadbawnik

*Wie du den richtigen Einstieg findest,
um die „Leidenschaft Laufen" für dich zu entdecken.*

Sportwelt Verlag

Laufen lieben lernen

Inhalt

11 Warm-up: Der Beginn einer großen Leidenschaft
14 Ich weiß nicht wie, aber ich werde es schaffen
19 Nie wieder! ODER doch?

29 Step 1: Aller (Lauf-)Anfang ist steinig und schwer... – muss er aber nicht!
33 Ziele setzen und erreichen
41 12 Facts, die du als Laufanfänger wissen und beachten solltest
47 Das nötige Equipment
60 Die Spannung steigt: Dein Laufbeginn naht
63 Trainingsplan für Anfänger, sportlich Aktive und Wiedereinsteiger
69 Dehnen ist der erste Schritt zur Regeneration
70 Faszienrolle: Schmerzhaft, aber effektiv
72 Strategien gegen Spaßverderber

83 Step 2: Einfach(!) leichter Laufen – welche ist die für dich optimale Lauftechnik?
85 Das wichtigste vorneweg: Langsam laufen!
87 Welche ist die optimale Laufhaltung?
93 Die Arme sind ein wichtiger Bestandteil des Laufens
100 Wie setzt du deine Füße auf?
107 Wie kann ich einen flachen Fußaufsatz erreichen?
130 Wie laufe ich kraftschonend im hügeligen Profil?

Inhaltsverzeichnis

137	Step 3: Höher, schneller weiter: Wie entwickle ich mich clever weiter?
138	Wie schaffe ich es, längere Strecken zu laufen?
148	Wie kann ich meine Geschwindigkeit erhöhen?
154	Wie schnell ist schnell? In welchem Tempo soll ich laufen, ohne mich zu unter- oder überlasten?
170	Wie bringe ich mehr Abwechslung in mein Lauftraining?
182	Wie schütze ich mich vor Überlastungen?

193	**Cool-down: Nach dem Lauf ist vor dem Lauf**
194	**Danke!**
195	**Laufbücher**
196	**Autorin**

„Etwa schon wieder ein neues Laufbuch?" 😱

Genau das war auch mein erster Gedanke! 😆

Ursprünglich war dieses Buch als Handout für meine Anfänger-Laufgruppen gedacht. Doch beim Schreiben nahm das Manuskript immer weiter an Umfang zu, so dass ich mich spontan dazu entschied, es allen interessierten Laufanfängern und Wiedereinsteigern oder auch den Läufern zugänglich zu machen, die auf der Suche nach neuen Inspirationen sind.

Es geht mir in diesem Buch nicht darum, einen Superläufer mit einem stilistisch perfekten Laufstil aus dir zu machen. Es geht auch nicht um Tempo oder das Erreichen toller Finisherzeiten – dafür gibt es genügend andere Bücher. Vielmehr ist es mein Anliegen, dich bei deinem individuellen Laufeinstieg zu unterstützen und dir die nötigen Impulse zu liefern, deinen Körper verstehen und lesen zu lernen. Ich möchte dir aufzeigen, mit welchen kleinen Tricks du leichter laufen kannst, damit du dir dauerhaft den Spaß daran erhältst. Und dir außerdem nahebringen, welche Fehler man aus Unwissenheit begehen kann – und wie du diese geschickt vermeidest. Ich spreche hier aus eigener Erfahrung, daher schildere ich dir zu Beginn meine ganz persönlichen Lauferfahrungen.

Kurzum: Mein Hauptziel ist es, dir die Freude, Begeisterung und Glückseligkeit nahezubringen, mit denen das Laufen dein Leben bereichern kann. Das hört sich jetzt vielleicht etwas schwülstig an – ist aber so.

„Laufen *lieben* lernen" ist keine Laufbibel. Es umfasst auch nicht jeden einzelnen Aspekt des Laufens bis ins kleinste Detail, denn ich bin weder als Ärztin, Physiotherapeutin noch als Ernährungsberaterin tätig. Ich schreibe hier über meine ureigensten Erfahrungen als Lauftrainerin und (Ultra-)Läuferin. Ich berichte, wie ich die Freude am Laufen entdeckte und einen steinigen Weg gehen musste, bis sie sich als Liebe meines Lebens entpuppte. Wenn du dieses Buch in den Händen hältst, stehst du möglicherweise genau vor demselben Schritt, den ich vor

20 Jahren gegangen bin: Du willst mit dem Laufen anfangen und weißt gar nicht genau, wie. Weil es mir genauso erging, bin ich mir sicher, dass ich deine Herangehensweise an den Laufsport, deine Bedenken, Motive und möglichen Widerstände aus einem anderen Blickwinkel betrachten und darauf eingehen kann, als ein Profiläufer dazu in der Lage wäre, der womöglich bereits als Kind mit der Leichtathletik begonnen und daher schon früh eine Karriere als Profisportler eingeschlagen hat. Ich weiß, was es heißt, dran zu bleiben, auch wenn es scheinbar kein Vorankommen gibt. Ich weiß, was es heißt, sich trotz eines stressigen Bürojobs zum Laufen aufzuraffen und Rückschläge einzustecken. Aber ich weiß auch, wie es sich anfühlt, den Flow und die Leichtigkeit des Laufens endlich für sich zu entdecken.

Ich berichte in diesem Buch über meine Erlebnisse aus zwei Jahrzehnten Langstreckenlauf – vom Halbmarathon und Marathon über den Ironman bis hin zu Ultraläufen mit einer Streckenlänge von bis zu 168 Kilometern nonstop. Ich weiß, wie wichtig es ist, möglichst effektiv, kraftsparend und verletzungsfrei zu laufen, um selbst einen Ultralauf genießen zu können. Und ich schreibe über Erfahrungen aus meinem Coaching mit vielen Laufanfängern, die mit den gleichen Unsicherheiten und Fragen konfrontiert werden, wie du vielleicht gerade. Ich verzichte hier bewusst auf zu viele Fachbegriffe und langatmige wissenschaftliche Erklärungen, denn genau das hat mich bei meinem Laufbeginn in vielen Büchern am meisten gestört. Damals wollte ich einfaches praktisches Wissen, das ich direkt in die Tat umsetzen konnte und mich durch keine theoretischen Grundlagen quälen. Aus diesem Grund habe ich die Kapitel von „Laufen *lieben* lernen" mit vielen Praxistipps gespickt. Bitte versuche, alle Übungen mindestens einmal zu absolvieren, und übernimm die in dein Lauftraining, die sich für dich gut und richtig anfühlen.

Dieses Buch soll dir ein Anreiz sein, das Abenteuer Laufen zu beginnen. Es soll dich dabei unterstützen, deinen eigenen Laufstil zu finden – und vor allem zu fühlen – sowie dir das nötige Rüstzeug geben, um dauerhaft die „Leidenschaft Laufen" zu leben.

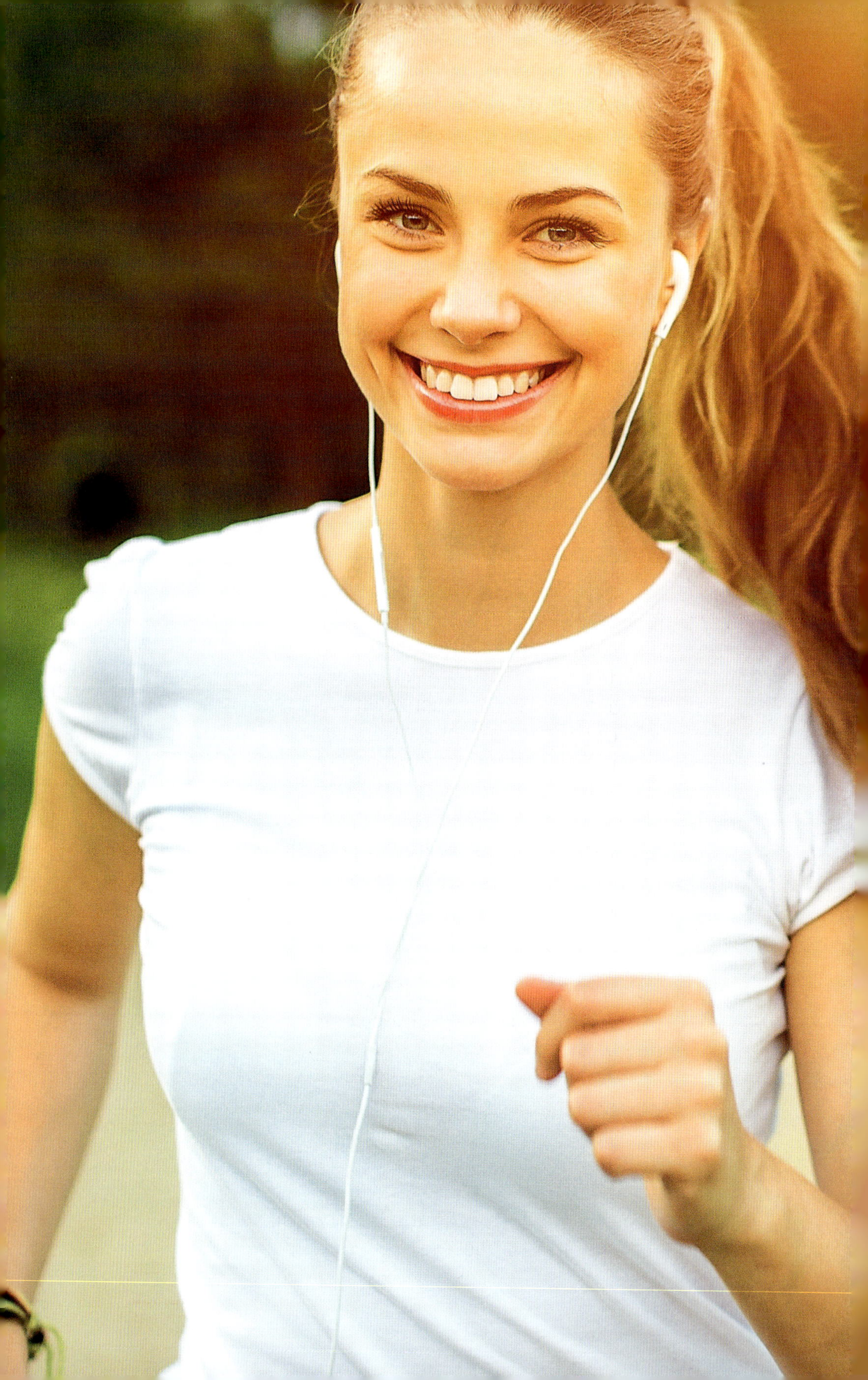

Warm-up: Der Beginn einer großen Leidenschaft

Früher habe ich das Laufen gehasst. Okay, das ist vielleicht etwas krass ausgedrückt – aber im Prinzip war es viele Jahre so, dass ich zwar gelaufen bin, aber das Laufen an sich überhaupt nicht mochte. Ich lief, weil meine Kolleginnen der Universitätsbibliothek Kaiserslautern, in der ich damals arbeitete, einen Lauftreff ins Leben gerufen hatten. Also schloss ich mich an und lief mit – damit wir uns treffen und miteinander reden konnten, aber nicht um des Laufens willen. Später lief ich, weil ich einen Typen in einer anderen Laufgruppe süß fand und ihm dadurch nah sein konnte (dass er das nie bemerkt hat und Jahre später aus allen Wolken fiel, als ich im davon erzählte, ist eine ganz andere Geschichte…). Und ich lief, weil meine Freundin Christine mich immer wieder dazu drängte. Aber ich lief nie aus eigenem Antrieb. Das Laufen hat mich einfach nicht weiter interessiert. Ich lief, weil man dies damals *eben so* tat, weil das Laufen irgendwie in Mode kam. Aber nicht, weil ich es unbedingt wollte und Spaß daran hatte. Ich weiß noch genau, wie eine Kollegin mir erzählte, dass sie demnächst beim Berlin Marathon starten würde. Ich sagte Dinge wie: „Ah, wie toll" und: „Viel Spaß dabei". Aber im Grunde berührte mich das kaum. Das war Mitte der 1990er Jahre.

Anfang 1999 zog ich aufgrund eines Jobangebotes nach Frankfurt am Main. Ich kündigte meinen Beamtenjob und war nach meinem nebenberuflichen BWL-Studium in die Frankfurter Finanzbranche gewechselt. Ein Traumjob, wie ich anfangs dachte. Eineinhalb Jahre später war ich eines Besseren belehrt. Da stand ich nun, war immer gestresst, hatte ein paar Kilo zu viel auf den Hüften, diverse gescheiterte Beziehungen und außer meinen Bürokollegen keine wirklichen Freunde in unmittelbarer Nähe. Kurzum: Ich war richtig unzufrieden mit mir, meinem Körper und meinem Leben. Wenn ich heute eingehender darüber nachdenke, stand ich mit ziemlicher Sicherheit kurz vor einer Depression. Ich trank ein wenig zu viel Alkohol, heulte ein wenig zu oft bei den kleinsten Anlässen, hatte keinerlei Antrieb und stopfte ein wenig zu viel Junkfood in mich hinein. In Kaiserslautern war ich abends oft mit Freunden unterwegs, war jahrelang regelmäßig ins Sportstudio gegangen, hatte alle möglichen Fitnesskurse besucht und Squash gespielt, aber in Frankfurt waren mir die Angebote zu teuer und der zeitliche Aufwand schlichtweg zu groß. Wie sollte das auch funktionieren, nach einem stressigen 10-Stunden-Tag im Büro? Wer konnte sich da schon noch aufraffen? Doch als die Not schließlich immer größer und die Zahl auf der Waage immer höher wurde, fiel mir irgendwann das Laufen wieder ein…

Es war ein Sonntag, als ich meine alten Laufschuhe herauskramte – oder das, was ich damals für Laufschuhe hielt – und einfach mal loslief. Ich schnaufte schwer, schaffte es kaum bis zum nahegelegenen Fluss (das sind immerhin satte 500 Meter!) und wechselte ziemlich schnell und mit hochrotem Kopf in den Geh-Modus. Ich war schockiert! Wo war meine Fitness geblieben? Früher konnte ich aus dem Stand heraus *immer* eine Stunde am Stück laufen, doch nun schien meine komplette Kondition dahin. X-mal versuchte ich an diesem Tag, in einen lockeren Trab zu fallen, doch immer wieder musste ich nach kürzester Zeit kapitulieren und völlig außer Atem ein Stück gehen. Das konnte doch wohl nicht wahr sein! Nach 30 Minuten gab ich auf und schlich völlig deprimiert nach Hause.

Nach dem ersten Schock hatte die Aktion jedoch eines geweckt: meinen Ehrgeiz. Es konnte doch wohl nicht wahr sein, dass ich innerhalb so kurzer Zeit meine komplette körperliche Fitness verloren hatte!? Das war ein riesiges Desaster! Ich war damals Ende 20 und hatte die Kondition einer Couchpotato. Das musste sich ändern - und am besten sofort! Doch ganz so einfach ging es dann doch nicht, und es war ein hartes Stück Arbeit, mich mit Laufen und Gehen im Wechsel wieder auf Trab zu bringen. Schritt für Schritt steigerte ich mich, und nach ein paar Wochen schaffte ich es immerhin, wieder eine Stunde am Stück durchzulaufen. Wenn auch sehr, sehr langsam. Aber das war mir egal. Die 60-Minuten-Hürde war geschafft, und das machte mich sehr stolz.

Warm-up: Der Beginn einer großen Leidenschaft

Doch was jetzt? Nach ein paar weiteren Monaten spürte ich, dass ich ein neues Ziel brauchte, um mich weiterhin zu motivieren. Und so fragte ich mich, ob es denn nicht möglich sei, einfach mal 90 Minuten am Stück zu laufen? Als ich dies bewältigt hatte, war ich glückselig. Doch irgendwann wollte ich den nächsten Schritt wagen und wissen, wie es wohl wäre, die 2-Stunden-Marke zu knacken. Dabei ging es mir nicht darum, eine gewisse Strecke zurückzulegen, sondern einfach nur, 2 Stunden im Laufschritt auf den Beinen zu sein. Das war eine ziemlich große Sache. Aufgeregt lief ich früh am Morgen los und wählte ein sehr, sehr gemächliches Tempo. Doch es lief nicht wie erwartet. Mehrmals zweifelte ich an der Sinnhaftigkeit der Unternehmung. Kein Mensch *musste* 2 Stunden laufen können, kam mir in den Sinn. Eine Stunde reicht doch vollkommen aus, bereits das war doch schließlich mehr, als der Durchschnittsdeutsche schaffte... Ich könnte jetzt einfach umkehren, heimlaufen, und niemand musste je von meinem „Scheitern" erfahren... Und ich hätte es damals wirklich als ein Scheitern empfunden. Zuhause könnte ich schön auf der bequemen Couch sitzen und meinen Kaffee genießen... Ganz in Ruhe. Und vor allem auch die Beine hochlegen! Meine Gedanken gingen kreuz und quer, und ich weiß nicht warum, aber irgendwie hielt ich an diesem Morgen durch. Ich wollte mir einfach nur beweisen, dass ich es konnte. Und tatsächlich: Zu meiner eigenen Verwunderung schaffte ich es, die kompletten 120 Minuten durchzuhalten. Mann, war ich da stolz auf mich! Dabei war es weniger eine körperliche als eine mentale Herausforderung. Zudem hatte ich etwas bewältigt, was Monate zuvor noch unvorstellbar erschien. Ich war nicht schnell, aber ich hatte mein persönliches Ziel erreicht – und dabei immerhin 14 Kilometer zurückgelegt. Noch im Freudentaumel kam der Gedanke auf: Du kannst alles schaffen, wenn du es nur wirklich willst – und hart dafür arbeitest! Mit anderen Worten: Ich hatte plötzlich das Gefühl, die ganze Welt stehe mir offen.

Spätestens da hatte mich das Lauffieber gepackt. Ich abonnierte Laufzeitschriften und wechselte von meinen alten Puma-Hallenschuhen zu richtigen Adidas-Laufschuhen – dem Cairo, den ich mir damals für unglaubliche 90 D-Mark leistete. Aber es hatte sich noch weitaus mehr verändert: Ich war viel ausgeglichener, weniger gestresst und konnte besser schlafen. Ich fand auch meinen „alten" Antrieb wieder und den Spaß an der Arbeit. Das Laufen war zudem zu einer Art Meditation für mich geworden, die mich auf eine gewisse Art „erdete". Nach 3 Tagen ohne Bewegung wurde ich unruhig, irgendwas fehlte, und ich spürte, dass es mich in die Natur zog. Nicht unbedingt der Anstrengung wegen, sondern weil ich einfach mit mir alleine sein konnte. Weil ich mich beim Laufen frei und unbeschwert fühlte.

Dass ich in dieser Zeit auch wieder mein altes Gewicht erreichte, war nur einer von sehr, sehr vielen positiven Nebeneffekten. Ich konnte plötzlich essen was ich wollte – und das mit vollem Genuss.

Ich weiß nicht wie, aber ich werde es schaffen

Es muss irgendwann im Frühsommer 2002 gewesen sein, als ich in der Zeitschrift *Runners World* einen Laufbericht von Manfred Krämer über seine Teilnahme am 73 km langen Rennsteiglauf in Thüringen las. Dieser Artikel war wie eine Initialzündung. Ich fieberte mit, als der Startschuss fiel, litt, als er sich über die Strecke quälte und freute mich am Ende mit Tränen in den Augen über seinen erfolgreichen Zieleinlauf. Mir war plötzlich glasklar: Genau das möchte ich auch! Ich will genau diese Emotionen spüren! Möchte eine – für mich – unvorstellbar lange Strecke in Angriff nehmen, wenn es sein muss dafür leiden, mich dennoch durchbeißen und am Ende mit Tränen der Freude, des Stolzes und der Erschöpfung belohnt werden. Wie herrlich musste sich das anfühlen? Welch gigantische Erfahrung musste das sein? Ich malte mir das in den schönsten Farben aus – und nur einen Tag später meldete ich mich für den Frankfurt Marathon an.

Der folgende Abschnitt ist keinesfalls zur Nachahmung empfohlen. Ich möchte dennoch meinen Weg und meine Erfahrungen hier niederschreiben. Vor allem auch, um zu verdeutlichen, wie wichtig es ist, sich vernünftig mit der Materie zu befassen, *bevor* man große Ziele in Angriff nimmt. Verstehe mich nicht falsch: Große Ziele sind wichtig! Aber sie sollten auch *einigermaßen* realistisch sein. Ich sehe heute immer wieder, dass Läufer viel zu schnell viel zu viel wollen – häufig von den vielen Erfolgsgeschichten auf allen möglichen Social-Media-Kanälen angetrieben. Viele scheitern und verlieren damit den Spaß an der Sache oder verletzen sich ernsthaft und können teilweise monatelang überhaupt nicht mehr laufen. Dieses Buch soll dabei helfen, einen vernünftigen Start in ein langes und erfülltes Läuferleben zu schaffen. Dazu gehört auch, dass du deinen eigenen Körper kennst und lernst, auf seine Signale zu hören.

Warm-up: Der Beginn einer großen Leidenschaft

An dieser Stelle will ich nochmal meine damalige Situation beschreiben: Ich lief zu diesem Zeitpunkt seit etwa 2 Jahren regelmäßig 3 bis 4 Mal pro Woche, jeweils 30 bis 60 Minuten – einfach so zum Spaß. Ich hatte keinerlei Wissen von einem vernünftigen Trainingsaufbau, geschweige denn von Kraftübungen, Lauf-ABC, Dehnen oder Regeneration. Ich machte mir null Gedanken über Lauftechnik, war in keinem Verein und hatte weder einen Lauftrainer noch kannte ich jemanden, der damals einen Marathon lief und von dessen Wissen ich hätte profitieren können. Wenn ich es recht bedenke, hatte ich mir auch noch nie einen Marathonlauf angeschaut – weder live noch im Fernsehen. Kurzum, ich hatte nicht die geringste Ahnung davon, wie ein Marathon funktionierte. Aber ich hatte etwas anderes: Den unbändigen Willen, einen Marathon zu schaffen, um den unbändigen Stolz zu spüren, wenn ich die Ziellinie erreichte. Ich brannte förmlich für diesen einen Augenblick.

> „Ich weiß nicht, was mich im **Leben** noch alles erwartet. Aber ich weiß, was ich **erreichen** möchte, und dafür werde ich **kämpfen.**"

Es ist natürlich nicht so, dass ich mich damals nicht auf den Marathon vorbereitet hätte. Mit dem Buch *„Perfektes Marathontraining"* von Herbert Steffny hatte ich einen Leitfaden zur Hand, mit dem ich mein Training strukturierte. Ich lief zur Vorbereitung ein 10-km-Rennen und absolvierte das erste Mal in meinem Leben einen Halbmarathon. Dennoch beging ich aus Unwissenheit einfach viel zu viele Anfängerfehler. Der größte war wohl, dass dieser Marathon ein paar Monate, wenn nicht gar 1 bis 2 Jahre, zu früh für mich kam. Mein Körper war noch nicht bereit, eine solch lange Ausdauerleistung vernünftig wegzustecken – konnte es nach der kurzen Zeit auch noch gar nicht sein. Aber davon wollte ich damals natürlich partout nichts hören. Ich trainierte so gut es ging und fieberte meinem „großen Tag" entgegen. Um den Druck auch von außen weiter zu erhöhen, erzählte ich jedem, der es hören wollte, von meinem bevorstehenden Marathon. So wusste ich, dass ich auf keinen Fall einen Rückzieher machen konnte und ich mich durchbeißen würde, selbst, wenn es hart auf hart käme. Was sollte mir auch schon passieren? Schließlich war ich nach meinem Gefühl top vorbereitet und mental sowieso schon längst im Ziel meiner Träume eingelaufen.

Doch es kam, was kommen musste: 4 Tage vor dem Start wachte ich morgens mit leichtem Fieber, Halsweh sowie Kopf- und Gliederschmerzen auf. „Das kann doch wohl nicht wahr sein!", schimpfte ich immer wieder vor mich hin. Wieso werde ich ausgerechnet jetzt krank?! Dass dies eine Reaktion des Körpers sein kann, der nach einer ungewöhnlich harten Trainingsphase an den Ruhetagen vor dem Start nun endlich die langersehnte Auszeit nutzte, wusste ich damals noch nicht. Ich versuchte mit allen Mitteln (und Medikamenten), das Fieber zu bekämpfen. Damit beging ich einen weiteren Anfängerfehler: Ich lief einen Marathon, obwohl ich zum Start nicht zu 100 Prozent fit und leistungsfähig war. Aber eine Absage kam für mich keinesfalls in Frage. Schließlich „fieberte" ich im wahrsten Sinne des Wortes seit Wochen auf diesen Tag hin. Ich hatte jedem von diesem bevorstehenden Ereignis erzählt. Jetzt zu kneifen, wäre mir peinlich gewesen. Sätze, wie: „Ha, wohl kalte Füße gekriegt...?!", wollte ich mir nicht anhören müssen.

Kurzum: Es kam mir in keiner Sekunde in den Sinn, den Start wegen eines *leichten* Fiebers abzusagen. Wer macht denn sowas? Und was wusste ich damals schon von Langzeitschäden oder einer Herzmuskelentzündung...? Mein Körper streikte, und ich fühlte mich schlapp. Bei jeder kleinsten Belastung schwitzte ich ungewöhnlich stark und schaffte es kaum, Treppenstufen ohne Pause hochzusteigen. Das hätte mir eigentlich Warnung genug sein sollen. Zu allem Übel hatte auch noch der Wettergott keinerlei Erbarmen mit uns Läufern: Orkanböen mit bis zu 115 km/h waren vorhergesagt. Und strömender Regen. Wer nicht unbedingt vor die Tür musste, sollte an diesem Sonntag besser zuhause bleiben, hieß es. Das galt aber natürlich nicht für mich – ich musste raus, ich musste ja meinen ersten Marathon laufen!

Wenn ich heute über meinen ersten Start nachdenke, kann ich nur noch den Kopf schütteln. Ich trug viel zu viel Ballast mit mir: meinen Lippenpflegestift, ein komplettes Päckchen Taschentücher und – sicher ist sicher – eine Trinkflasche mit 0,5 l Wasser. Auf den ersten Kilometern konnte ich den Lauf total genießen und wunderte mich noch, als sich mein Laufnachbar bei Kilometer 10 übergeben musste. Mir hingegen ging es gut, ich genoss den Trubel an der Strecke, die Menschen und die Musik. Die Zuschauer jubelten mir zu: „Iris, du schaffst das" und "das sieht gut aus" - und mehr als einmal überzog mich eine feine Gänsehaut. Ab Kilometer 15 spürte ich allerdings so langsam, wie die Anstrengung in meinen Körper kroch. „Das geht gleich wieder", versuchte ich, mich aufzumuntern. Doch weit gefehlt. Von

Warm-up: Der Beginn einer großen Leidenschaft

da an ging es immer weiter bergab, und beim Halbmarathon war der Spaß komplett vorbei. „Warum mache ich das?", fragte ich mich mehr als einmal. „Ich will heim!" war nur noch mein einziger Gedanke. Als wir dann durch Nied liefen, den Stadtteil, in dem ich wohne, sah mir wohl auch ein weiterer Läufer meine Qualen an und sagte: „This is called the wall!" Ich nickte nur, doch irgendwie half mir das jetzt auch nicht weiter. Ich hatte einiges über den „Mann mit dem Hammer" gelesen, der irgendwann auftauchen sollte, aber mit ihm umzugehen, dafür hatte ich keine Strategie. Irgendwann war ich so geschwächt, dass ich immer wieder gehen musste. Und so wanderte ich schließlich die Marathonstrecke entlang, begann zwar immer wieder kurz zu traben, aber nur, um dann erneut kraftlos in den Gehschritt zu wechseln. Zusätzlich musste ich mich ständig gegen den Sturm stemmen sowie fallenden Straßensperrungen ausweichen oder den Trinkbechern, die zu Hunderten von den Verpflegungstischen auf die Straße geweht wurden. „Ich hätte nie gedacht, dass Marathonlaufen so anstrengend ist", sagte ich hilflos zu einem anderen Läufer. „Doch, das ist es!", stöhnte dieser. „Das ist mein dritter Start, und es ist jedes Mal die Hölle!"

Frankfurt Marathon im Oktober 2002: Diese Hölle hatte glücklicherweise einen Ausgang. Nach über 5 Stunden im Ziel meines ersten Marathons.

Laufen lieben lernen

Doch diese Hölle hatte glücklicherweise einen Ausgang. Als ich eine Stimme aus dem Lautsprecher sagen hörte: „Iris, jetzt sind es nur noch 600 Meter!", spürte ich eine unglaubliche Erleichterung. Nach 5 Stunden und 2 Minuten erreichte ich unter Einsatz meiner allerletzten Kräfte die langersehnte Ziellinie. Kamen jetzt die großen Emotionen hoch, war ich voller Freude, Euphorie und unbändigem Stolz? Nein. Ganz im Gegenteil. Ich überquerte die Ziellinie und heulte erst einmal jämmerlich. So fertig war ich. Mit meinen Nerven vollkommen am Ende. Aber auch irgendwie enttäuscht darüber, dass ich den Lauf überhaupt nicht genießen konnte und mir nun jedes einzelne Körperteil höllisch weh tat. Alles schien im Eimer: meine Beine, die Knie, die Sprunggelenke und – am allerschlimmsten – mein gesamter Rücken. In meinen Vorstellungen sollte der Frankfurt Marathon ein einziger Triumphlauf sein. Doch auf ein Runners High wartete ich während dieser kompletten 5 Stunden vergeblich. Ich fühlte mich vollkommen leer, war froh, dass ich noch lebte und wollte nur noch nach Hause. Und eines wusste ich dabei mit absoluter Sicherheit: nie, niemals wieder!!

Die Erschöpfung und die Enttäuschung über meinen ersten Marathon standen mir deutlich ins Gesicht geschrieben.

Warm-up: Der Beginn einer großen Leidenschaft

Auch am nächsten Tag hielt sich meine Euphorie über den erfolgreichen Marathonlauf in Grenzen. Beide Füße waren so dick geschwollen, jede einzelne Zelle meines Körpers tat so unendlich weh, dass ich mich schon darüber freute, überhaupt aus dem Bett aufstehen und humpelnd ein paar Schritte zurücklegen zu können. Und das sollte sich auch so schnell nicht ändern. In den folgenden 6 Wochen war an Laufen überhaupt nicht zu denken, so sehr schmerzten nach wie vor meine Knöchel, so mühsam war jeder Schritt. Danach dauerte es weitere 6 Wochen, bis ich auch vom Kopf her wieder dazu in der Lage war, wenigstens 5 Kilometer am Stück zu laufen. Oh Mann, das hatte ich mir alles ganz anders vorgestellt!

Warum berichte ich hier von meinen Qualen? Sollte ich in einem Buch für Anfänger nicht lieber zum Laufen animieren – und von dessen Freuden und Vorteilen schreiben? Was ich allen Laufanfängern mit auf den Weg geben möchte, ist: Laufen ist der schönste Sport der Welt. Aber man kann auch sehr, sehr, sehr viele Fehler dabei begehen. Insbesondere am Anfang. Dann, wenn man übermotiviert ist und in kurzer Zeit zu viel erreichen möchte. Dann nämlich kann das Laufen auch sehr schädlich sein. Nicht nur für Bänder, Sehnen und Gelenke, sondern auch für das gesamte Herz-Kreislauf-System. Ich möchte mit diesem Buch bewirken, dass DU deine ganz eigene Leidenschaft für das Laufen entwickeln kannst. Finde deinen eigenen Sinn darin, den Spaß und die Liebe dafür. Lies' von meinen ganz persönlichen Erfahrungen, und lerne, den für dich richtigen Weg einzuschlagen. Setze dir gerne hohe Ziele, doch sollten sie immer im Bereich des Machbaren liegen - und vor allem mit deiner individuellen Leistungsfähigkeit gesundheitlich unbedenklich erreichbar sein.

Nie wieder! ODER doch?

Es heißt, die Verklärung beginnt nach der Ziellinie. Bei mir dauerte dieser Prozess zwar etwas länger, doch je mehr Zeit nach meinem Marathondebüt verstrich, desto öfter kam mir der Gedanke: „So schlimm war es doch eigentlich gar nicht… oder?" Im Gegenteil, es war doch alleine schon ein schönes Gefühl zu wissen, dass ich es geschafft hatte. Gut ein Drittel der Deutschen läuft regelmäßig, aber nur etwa 100.000 Menschen sind Marathonläufer – und ich war einer von ihnen. Alleine das machte mich stolz. Und wer weiß, überlegte ich, vielleicht wäre der zweite Start

Laufen lieben lernen

ja auch nicht mehr ganz so anstrengend...!? Sobald diese erste feine Gedankensaat gelegt war, kam wenig später auch schon die Handlung: Ende Januar meldete ich mich für den Mainz Marathon im folgenden Mai an.

Wieder bereitete ich mich so gut ich es damals wusste auf den Wettkampf vor. Wieder ging ich frohen Mutes an den Start, und wieder wurde mir nach einer gewissen Zeit schlagartig bewusst, wie sehr ich mich geirrt hatte. Auch der zweite Marathon war eine Qual! Das lag zum Teil sicher auch erneut (!) an den äußeren Umständen, denn genau an diesem Tag brach der Frühsommer mit voller Wucht über uns herein. Unter wolkenlosem Himmel kämpften die Läufer eine mühsame Hitzeschlacht – ein jeder für sich selbst. Und meines Erachtens litt ich von allen am meisten darunter, denn darauf war ich nun überhaupt nicht vorbereitet. Ich wusste schlicht nicht, wie ich auf solch heiße Temperaturen reagieren sollte und was mein Körper an Flüssigkeit benötigte. Das Ende vom Lied war: Ich schleppte mich völlig platt über die Laufstrecke und erreichte das Ziel saft- und kraftlos lediglich 10 Minuten schneller als bei meinem ersten Marathon... was für eine Enttäuschung!

Die Hitzeschlacht beim Mainz Marathon 2003: Lauf-Euphorie sieht anders aus.

Doch sie dauerte nur kurz. Denn bereits nach wenigen Tagen hatte ich die Qualen des Laufes und meine Unzufriedenheit komplett vergessen, und schnell war mir klar: Ich versuche es noch ein weiteres Mal und gehe noch ein *einziges* Mal an den Start. Ich weiß nicht, was mich damals ritt. Ich hatte mich bei meinen Marathonläufen körperlich so gequält, wie nie zuvor in meinem Leben. Warum wollte ich mir das noch ein weiteres Mal antun? Ich könnte doch einfach meine Lektion lernen und den Schlussstrich ziehen. Schließlich hatte ich es probiert, aber Marathon schien einfach nicht mein Ding zu sein. Basta! Thema beendet! Doch ich glaube, es war damals eher die mentale Komponente. Noch immer war da diese Unruhe in mir: Es konnte doch nicht sein, dass ich stets euphorische Berichte über die Leichtigkeit des Marathonlaufens las, über magische Zieleinläufe und unendliche Glücksgefühle, die sich bei (fast) allen anderen einzustellen schienen, während der Marathon für mich immer wieder in einem Desaster endete.

Wieder sollte es der Frankfurt Marathon im Oktober sein, wieder bereitete ich mich gewissenhaft darauf vor, wieder freute ich mich mit jeder Faser meines Körpers auf den Start - und was soll ich sagen: Diesmal platzte der Knoten! Aber so richtig! Es passte einfach alles! Ich genoss jeden Schritt, hatte riesigen Spaß dabei, musste kaum Gehpausen einlegen und lief am Ende völlig high und überglücklich ins Ziel. Ab da war mir klar: Ich hatte meine Leidenschaft gefunden! Es war ein harter und steiniger Weg. Ich musste viele Rückschläge einstecken, doch es schien, als hätte sich mein Durchhaltewillen nun doppelt ausgezahlt.

Bei meinem zweiten Start in Frankfurt (2003) konnte ich selbst bei Kilometer 29 noch lachen & lief am Ende in 4:23 h ins Ziel.

Laufen lieben lernen

> *„Wenn du laufen willst, lauf einen Kilometer. Wenn du ein **neues Leben** kennenlernen willst, dann lauf **Marathon.**"*
> *Emil Zatopek*

Was danach passierte, ist typisch für so manche Läuferkarriere: Ich tappte in die Leistungsfalle. Startete ich in den folgenden Jahren bei einem Wettkampf, wollte ich jedes Mal schneller sein als zuvor und meine alte Bestmarke übertrumpfen. Verbissen trainierte ich darauf hin. Gelang das nicht, war ich enttäuscht. Nicht nach außen hin, da lachte ich darüber – aber innerlich zerriss es mich, dass ich gescheitert war. Irgendwie trainierte ich in dieser Zeit nur noch gezielt auf Wettkämpfe hin. Die waren der Höhepunkt all meines Schaffens. Waren die Ergebnisse nicht wie vorgestellt, war ich gefrustet. Ich lief plötzlich nicht mehr um des Laufens willen, sondern nur noch, um bestmögliche Ergebnisse zu erzielen. Meine Gedanken kreisten nur noch um Tempo und Laufumfänge. Dies ging so lange, bis ich 2006 beim Frankfurt Marathon sogar bei Kilometer 25 ausstieg, nur weil ich sah, dass ich keine Endzeit unter 4 Stunden erreichen konnte. Wie blöd war *das* denn? Ich zahlte 80 € Startgebühr und beendete das Rennen, weil ich womöglich in 4:15 Stunden eingelaufen wäre... Das war eine Riesenenttäuschung für mich, ich heulte fürchterlich. Aber mal ehrlich, wen hätte das bitteschön wirklich interessiert?

Dieses Ereignis war dennoch sehr wichtig für mich, denn von da an begann ich nachzudenken. Lief ich überhaupt noch, weil ich Spaß daran hatte und das Laufen mein Leben in vielerlei Hinsicht positiv veränderte? Oder lief ich, um Bestzeiten hinterherzujagen, die mich zudem ständig unter Druck setzten? Steht das Laufen – die Natur, die Entspannung, die Rückbesinnung auf das Wesentliche – im Mittelpunkt meines Sports oder nur noch der Leistungsgedanke, Umfänge und Kilometerzeiten? Ich sah ein, dass das Laufen in gewisser Hinsicht zur Belastung für mich geworden war und ich mir damit – neben der aufreibenden Tätigkeit als Freiberuflerin, die ich mittlerweile aufgenommen hatte – einen weiteren Stressfaktor eingehandelt hatte. Und das auch noch mit etwas, das ja eigentlich dem Stressabbau dienen sollte. War das nicht komplett irrsinnig? Völlig paradox? Wen interessierte es, ob ich bei einem Marathon 5 Minuten schneller oder langsamer war? Und war es *mir* überhaupt wichtig?

Warm-up: Der Beginn einer großen Leidenschaft

Internationaler 50-km-Lauf des SSC Hanau-Rodenbach: Beim Start meines ersten Ultras 2006.

Das war der Zeitpunkt, an dem ich das Ultralaufen für mich entdeckte. Damit sind Läufe jenseits der Marathonmarke gemeint. Ich war plötzlich wie in einer komplett anderen Welt. Die Teilnehmer waren viel entspannter, liefen viel langsamer und redeten die gesamte Zeit. Alle Verpflegungsstellen wurden ausgiebig genossen, und wer Lust dazu hatte, setzte sich unterwegs auch einfach mal hin oder trank ein Bier. Beim Ultralaufen ging es nun nicht mehr darum, in welcher Zeit man ein Rennen bestritt, sondern darum, dass man es *überhaupt* geschafft hatte, ins Ziel zu kommen. Ich fühlte, wie der Druck von mir abfiel. Es war nun nicht mehr nötig, ständig mein Tempo zu kontrollieren oder gehetzt durch die Gegend zu rennen. Nun konnte ich wieder die Natur genießen, konnte gehen, wann immer ich wollte. Ich spürte, wie ich mich beim Laufen entspannte und dabei wieder viel öfter lachte. Es dauerte einige Zeit, doch nun hatte ich den Sinn des Laufens wirklich für mich verstanden. Es schien, als sei ich endlich angekommen.

Laufen lieben lernen

Der 72,2-km-lange Rennsteiglauf ist ein echter Gourmet-Lauf – hier gibt es unterwegs auch Würstchen, Schmalzbrote und Haferschleim. Gemeinsam mit Oli, 2010.

Warm-up: Der Beginn einer großen Leidenschaft

Seitdem ist das Laufen mein treuer Begleiter. Es half mir durch die dunkelsten Zeiten und verschaffte mir immer wieder neue Zuversicht. Ich lief, wenn eine Beziehung zu Ende ging, wenn ich privat und beruflich nicht mehr weiter wusste, als ein guter Freund völlig unerwartet starb, bei Ärger, Stress und Geldsorgen. Das Laufen befreite mich vom Druck, half mir, neue Hoffnung zu schöpfen, (Lebens-)Ziele zu definieren oder Ideen zu kreieren. Das Laufen bescherte mir neue Freundschaften und einen Job, den ich liebe.

Eines verlor ich in den ganzen Jahren nie wieder aus dem Fokus: den Spaß und die Leichtigkeit des Laufens! Und genau darauf kommt es an. Finde die Freude an der Bewegung, und lebe sie. Mach dich frei von Druck, Konkurrenzdenken oder der Erwartung brillanter Finisherzeiten – diese haben langfristig keinerlei Bedeutung – das musste ich auch erst mühsam lernen. Laufen ist mehr als nur ein Sport. Laufen ist ein Lebensgefühl. Laufen ist eine spirituelle Erfahrung. Laufen lässt dich eins sein mit dir selbst. Laufen ist Freiheit.

„Laufen *lieben* lernen" – wenn dir das geglückt ist, dann hast du eine echte Liebe fürs Leben gefunden.

Always keep on running!

Iris Hadbawnik

Frankfurt am Main, im September 2020

Laufen *lieben* lernen

Das hatte ich in den ersten Jahren meiner „Laufkarriere" gelernt:

➡ Motivation: Finde deinen ganz eigenen inneren Antrieb für das Laufen.
➡ Geduldig sein: Erwarte nicht zu schnell zu viel von dir – gib deinem Körper (Muskeln, Bänder, Sehnen, Gelenke) Zeit, sich langsam an die Belastung zu gewöhnen.
➡ Mens sana in corpore sano = Ein gesunder Geist in einem gesunden Körper: Auch der Kopf muss sich langsam an die Ausdauerbelastung gewöhnen, damit Körper und Geist eine Einheit bilden.
➡ Durchhalten: Halte an deinem Ziel fest, auch wenn es manchmal hart wird. Wenn du wirklich für dein Ziel brennst – ob abnehmen, Gesundheit fördern, 5 km schaffen – solltest du niemals zu früh aufgeben.
➡ Sinn des Laufens: Entdecke, was der Sinn *deines* Laufens ist. Was erwartest du vom Laufen, und was macht dich *wirklich* glücklich?

Laufen lässt dich eins sein mit dir selbst.

Warm-up: Der Beginn einer großen Leidenschaft

Nachdem ich das Laufen für mich neu definiert hatte, konnte ich auch Marathonläufe wieder genießen – wie hier gemeinsam mit Oli beim Berlin Marathon 2011.

GORE-TEX®
TRANSALPINE-RUN 2013
2882
GER
IRIS HADBAWNIK
TEAM ULTRARUNNERS.DE

Step 1: Aller (Lauf-) Anfang ist steinig und schwer... – muss er aber nicht!

"Jeder Weg beginnt mit dem ersten Schritt!" ... so ist es auch beim Laufen. Doch wie beginne ich richtig? Wie lerne ich, effektiv zu laufen, ohne dass es zu anstrengend wird? Wie baue ich ein Lauftraining auf, wenn ich seit Jahren keinen Sport getrieben habe? Wie führe ich ein langes, verletzungsfreies Läuferleben? Aber vor allem: Wie lerne ich, Spaß daran zu entwickeln?

Fragen, die wohl jeden Laufanfänger beschäftigen. Wenn du dieses Buch in den Händen hältst, dann sicher auch dich. Doch ich möchte noch einen Schritt zurückgehen und wirklich bei der grundsätzlichen Fragestellung beginnen: Warum möchtest du laufen? Hast du dir darüber schon mal Gedanken gemacht? Falls nicht, ist jetzt der richtige Zeitpunkt dazu. Denn nur, wenn du die für dich richtige Antwort kennst, hast du in schwierigen Phasen – dann, wenn der Schweinehund unbarmherzig zuschlägt, das Wetter schlecht oder die Couch einfach zu verführerisch ist – die perfekte Antwort darauf.

Laufen ist die schönste Sportart der Welt! Du kannst es immer und überall tun: egal zu welcher Tageszeit – am Morgen, tagsüber oder in der Nacht –, egal bei welchem Wetter – ob bei Regen, Wind oder Sonnenschein –, egal auf welchem Untergrund – Asphalt, Wiese, Sand oder Trail –, ob in der Stadt, in den Bergen, in der Mittagspause, auf Geschäftsreise oder im Urlaub, egal ob alleine, zu zweit oder in der Gruppe. Du benötigst im Prinzip nicht mal eine besondere Ausrüstung dafür. Du schnürst einfach deine Laufschuhe, und los geht's.

Doch bevor du mit dem Lauftraining beginnst, ist es wichtig, dass du deine ganz eigene Motivation für das Laufen findest. Solange ich selbst immer nur mit anderen mitgelaufen bin, hatte ich keinen eigenen Antrieb, meine Laufschuhe anzuziehen. Erst, als ich gewisse Ziele mit dem Laufen verband – meine Hauptmotivation war zu Beginn sicher das Abnehmen – war die richtige Motivation vorhanden.

Also: Welche Anforderungen hast du an das Laufen? Was möchtest du damit erreichen?

Welche Antworten könnten am ehesten zu dir passen? Du läufst, um:

- fit zu werden
- abzunehmen
- Stress abzubauen
- gesund zu bleiben – oder zu werden
- Kondition aufzubauen
- das Herz-Kreislauf-System zu stärken
- die Natur zu genießen
- ganz bei dir zu sein
- den Stoffwechsel anzuregen und Kalorien zu verbrennen
- sportliche Ziele zu erreichen (5 km-, 10 km-Lauf, etc.)
- dich auszupowern
- zu meditieren
- deinen Körper zu straffen
- dein seelisches Gleichgewicht herzustellen
- dein Immunsystem zu stärken
- 60 Minuten am Stück durchzuhalten
- dein allgemeines Wohlbefinden zu erhöhen
- rauszukommen
- Krankheiten vorzubeugen
- körperlich und geistig jung zu bleiben
- den Flow zu erleben

Step 1: Aller (Lauf-)Anfang ist steinig und schwer… – muss er aber nicht!

- glücklicher und zufriedener zu sein
- Selbstbewusstsein aufzubauen
- besser zu schlafen
- stabilere Knochen zu haben
- den Blutdruck zu senken
- beim Firmenlauf mithalten zu können
- vom Rauchen wegzukommen
- bei einem (Halb-)Marathon zu starten
- mit deinen Kindern mitzuhalten
- zu sehen, was du zu erreichen imstande bist
- Depressionen zu bekämpfen
- mehr Körperbewusstsein zu entwickeln
- um abzuschalten und den Kopf frei zu bekommen
- Freiheit zu spüren

- _____
- _____
- _____
- _____
- _____

(Bei so vielen positiven Faktoren fragt man sich eigentlich unwillkürlich, warum nicht jeder laufen und von den Vorteilen profitieren möchte.)

Ich habe hier bewusst etwas Platz gelassen, damit du deine ganz individuellen Punkte aufführen kannst, die dich zum Laufen bewegen. Überlege dir dabei auch ganz genau: Willst du mit dem Laufen beginnen, weil die Motivation von außen kommt – beispielsweise, weil dein Partner sagt, Laufen wäre doch eine tolle Sportart für dich – dann garantiere ich dir, dass du nie wirklich Spaß daran haben wirst – oder aus eigener Motivation heraus? Versuche, Gründe zu finden, die wirklich deinen innersten Wünschen entsprechen.

Laufen lieben lernen

Ich hatte einfach Lust zu laufen

Wer kennt nicht den Film *Forrest Gump* und die Szene, als Forrest sich aufmacht, kreuz und quer durch die USA zu laufen? Reporter kommen hinzu und interviewen ihn. „Warum laufen Sie? Laufen Sie für den Weltfrieden? Laufen Sie für die Obdachlosen? Für die Rechte der Frauen? Für die Umwelt? Für die Tierwelt?" Die verschiedensten Fragen prasseln auf Forrest ein, doch er versteht den Sinn hinter den Fragen nicht. „Ich hatte einfach Lust zu laufen!", ist seine entwaffnende Antwort. Manchmal kann es so einfach sein!

„Ich hatte einfach Lust zu laufen!"

Step 1: Aller (Lauf-)Anfang ist steinig und schwer… – muss er aber nicht!

Ziele setzen und erreichen

Was immer es ist, das dich zum Laufen bringt, schreibe es nieder, und setze dir ein realistisches, erreichbares und messbares Ziel. Ist es dein Wunsch, fit zu sein, dann definiere, was genau „fit" für dich bedeutet. Willst du beispielsweise in einem halben Jahr 60 Minuten oder 5 Kilometer am Stück laufen können? Dann schreibe dir das genau so auf, und bewahre den Zettel gut sichtbar auf, so dass du dir immer wieder dein Ziel vor Augen führen kannst, wenn du es mal aus dem Fokus verlierst. Willst du abnehmen? Dann definiere, bis wann du wie viel Kilogramm verlieren möchtest. Geht es dir um deine Gesundheit, und willst du durch das Laufen gesünder werden, dann ist es sicher ratsam, dich von einem Arzt durchchecken zu lassen, um beispielsweise anhand der Blutwerte oder deines Blutdrucks vor und nach Aufnahme des Trainings den Erfolg deines Tuns festzustellen. Alleine nur zu registrieren, dass du deinem selbst definierten Ziel Schritt für Schritt immer näher kommst, lässt dich über dich hinauswachsen.

> „Das **Glück** besteht nicht darin, sein **Ziel** zu erreichen, sondern auf dem **Weg** dorthin zu sein."
> *Ingvar Kamprad*

Aber ich will nichts beschönigen: Im Leben eines Läufers gibt es immer wieder Phasen, in denen das Laufen keinen Spaß macht, der Gedanke aufkommt, „das hat doch alles keinen Sinn" oder einfach die Motivation fehlt, rauszugehen und loszulaufen. Immer wieder höre ich ähnliche Aussagen, wie und warum das Laufen zur Qual wird, und warum man lieber nicht rausgehen möchte:

➡ Ich gerate zu schnell außer Atem.
  ✚ Versuche, langsamer und entspannter zu laufen.

➡ Weil ich langsamer als andere bin.
  ✚ Kümmere dich nicht um die anderen, konzentriere dich rein auf dich, und bleibe in deinem Takt. Du wirst sehen, dass sich – auch ohne es zu forcieren – im Laufe der Zeit dein Tempo erhöht.

Laufen lieben lernen

➡ Weil Muskeln, Gelenke, Bänder und Sehnen schmerzen.
  ✚ Gönne dir unbedingt eine Ruhewoche, und lies im Kapitel „Step 2", wie du an deiner Lauftechnik arbeiten kannst – eine gute Technik schont die Gelenke.

➡ Weil das Wetter schlecht ist, zu warm, zu kalt, zu nass, zu windig, …
  ✚ Laufen kann man bei (fast) jedem Wetter. Kleide dich den Bedingungen entsprechend, und passe deine Laufintensität an. Bist du erst einmal draußen, wirst du feststellen, dass es gar nicht „so schlimm" ist, wie es zunächst von drinnen aussah.

➡ Weil es zu dunkel, zu früh oder zu spät ist.
  ✚ Ist es draußen dunkel oder dämmrig, dann suche dir beleuchtete Laufstrecken oder nutze eine Stirnlampe. Laufe aber immer nur dort, wo du dich auch sicher fühlst, wo genügend Menschen unterwegs sind und ein guter Untergrund vorhanden ist. Oder aber suche dir eine Laufgruppe, mit der du in der dunklen Jahreszeit unterwegs sein kannst.

➡ Weil ich der Meinung bin (z.B. durch Lehrer), schon immer unsportlich gewesen zu sein.
  ✚ Und? Was kümmert es dich, welcher Meinung dein Lehrer möglicherweise vor Jahrzehnten war? Auch ich selbst war eine Niete im Schulsport und absolviere heute mit Freude Ultraläufe oder Triathlons. Das hätte mit Sicherheit keiner meiner Lehrer je erwartet.

➡ Weil der Ruf der Couch stärker ist.
  ✚ Arbeite nach dem Belohnungsprinzip, und überlege dir, womit du dir nach dem Laufen etwas Gutes tun kannst.

➡ Weil ich Wichtigeres zu tun habe, das keinen Aufschub duldet.
  ✚ Das kenne ich z.B. von meiner Steuererklärung. Man schiebt sie ewig vor sich her, bis das schlechte Gewissen immer stärker wird. Dagegen hilft nur eines: einfach anpacken – und zwar am besten sofort, ohne groß darüber nachzudenken. Der Spaß kommt dann mit dem Tun.

Step 1: Aller (Lauf-)Anfang ist steinig und schwer... – muss er aber nicht!

➡ Weil ich keine Fortschritte sehe.
 ✚ Bleib dabei, und überprüfe erneut die Geschwindigkeit deiner Laufeinheiten. Läufst du in einem Tempo, in dem du locker reden kannst?

➡ Weil ich keine Zeit habe, da ich beruflich oder familiär zu sehr eingebunden bin.
 ✚ Versuche, das Laufen in deinen Alltag zu integrieren. Wenn du lange im Büro bist, überlege dir, am Morgen oder in der Mittagspause zu laufen, oder nutze den Heimweg als Laufeinheit. Wenn du zwischen Sport und Familie hin- und hergerissen bist, dann versuche, sie mit einzubinden, z.B. mit einem Babyjogger oder lass dein Kind/deinen Mann mit dem Rad neben dir her fahren, während du läufst.

➡ Weil ich schlecht drauf oder depressiv bin.
 ✚ In diesem Fall gibt es wirklich nichts Besseres, als rauszugehen und dir den Frust von der Seele zu laufen. Lauf dich frei!

➡ Weil meine Brüste, mein Po oder mein Bauch wackeln/zu groß sind.
 ✚ Achte auf die richtige Kleidung: Ist die Unterwäsche (Base Layer) eng genug, um zu stützen? Greife hier ggf. auf Kompressionskleidung zurück. Wähle die zweite Schicht weit genug, um Problemzonen zu kaschieren.

Welche Punkte fallen dir noch ein? Und welche Strategien hast du, um diesen entgegenzuwirken? Schreibe sie hier nieder, damit du immer wieder nachschlagen kannst, wenn es nötig wird:

➡ _____

 ✚ _____

➡ _____

 ✚ _____

➡ _____

 ✚ _____

**Wie dein Umfeld dir das Laufen verübeln kann -
Geschichten aus dem Alltag**

Als ich mit dem Laufen anfing, kam es nicht selten vor, dass Passanten – aus für mich unerfindlichen Gründen – dies mit einem „schneller" oder „hopp, hopp, hopp" kommentierten. Früher fand ich das anmaßend. Darüber hinaus verunsicherte es mich, ich wusste nie, wie ich reagieren sollte. „Ich bin wohl zu langsam", kam mir mehr als einmal in den Sinn, und beschleunigte das Tempo. Später wurde mir klar, dass es den meisten Kommentatoren gar nicht um die Geschwindigkeit ging. Ein Nichtläufer kann gar nicht einschätzen, wie schnell oder langsam jemand läuft (und einer, der selbst läuft, würde solche Kommentare niemals abgeben). Es ging in erster Linie nur darum, einen blöden Spruch loszuwerden, die eigene Unsportlichkeit zu kompensieren und damit den Läufer – teilweise bestimmt auch ungewollt – zu verunsichern. Als mir das richtig klar wurde, konnte ich damit umgehen. Ich lachte einfach über solche Kommentare und entgegnete stets: „einfach mitlaufen!" Die meisten winken dann ab. Seither hat sich das noch niemand getraut.

Noch heute kommt es vor, dass mich unterwegs Passanten fragen: „Und, wie viel läufst du?" Mittlerweile habe ich festgestellt, dass sie dies zum einen tun, um es mit der eigenen Leistung zu vergleichen, zum anderen aber auch des schlechten Gewissens wegen, um im Anschluss zu rechtfertigen, warum sie selbst nicht (mehr) so lange oder weit laufen können. Oder aber ganz verquer: Man erhält einen Vortrag, warum das Laufen ungesund sei und dass sie selbst zwar mal liefen, aber jetzt eben dadurch die Knie schmerzten. Meine Entgegnung, „dann war wohl die Lauftechnik falsch", wird nicht allzu gerne gehört. Denn der Glaube „Sport ist Mord" ist leider noch immer tief in unserer Gesellschaft verwurzelt. Als ich mit dem Ultralaufen begann, wurden manche Menschen richtiggehend sauer, wenn ich sagte, dass ich auch mal 50 oder 100 Kilometer am Stück laufe. „Das ist doch nicht mehr gesund!" oder „das ist doch nicht normal!", kam dann schon mal als Reaktion. Was aber ist normal, und wer definiert

Step 1: Aller (Lauf-)Anfang ist steinig und schwer... – muss er aber nicht!

das? Ist es „normal", den gesamten Tag zu sitzen und überall mit dem Auto hinzufahren, oder entspricht es eher unseren Genen, stundenlang in Bewegung zu sein? Die Antwort muss sich wohl jeder selbst geben.

Wenn man in den USA einen Marathon läuft, reagieren alle mit: „Wow, great job!" Läuft man in Deutschland einen Marathon, ist die erste Frage: „Welche Zeit bist du gelaufen?" Die Tatsache, dass man unvorstellbare 42,2 Kilometer bewältigt und damit etwas Großartiges geleistet hat, rückt dadurch als nichtig in den Hintergrund. Der Fakt, dass mehrere Tausend Läufer bei einem Marathon starten, suggeriert vielen Nicht-Läufern, dass eine solche Strecke wohl ohne Probleme zu bewältigen ist. Erst, wenn sie selbst laufen, können sie allmählich ermessen, was es bedeutet, mehr als 40 Kilometer zurückzulegen. Mich hat diese Frage immer genervt. Doch als ich mit den Ultras begann, erledigte sich das Thema von alleine. Denn wer kann schon einschätzen, ob 12 Stunden für einen 100-Kilometer-Lauf schnell oder langsam sind?

Ich weiß noch, dass der Vater meines Ex-Freundes seinen Sohn nach den ersten Marathonläufen stets fragte: „Und? Hast du gewonnen?" Natürlich musste mein Ex-Freund das verneinen, denn welcher deutsche Hobbyläufer kann sich bei einem großen Stadtmarathon schon gegen afrikanische Profiläufer durchsetzen? Dennoch war er ein sehr guter Läufer mit einer Zeit von 3:30 Stunden für sein Marathondebüt. Sobald jedoch der Vater das „Nein" hörte, war das Thema Marathon für ihn erledigt. Kein, „wie war der Lauf?" oder „wie hast du dich gefühlt?" Irgendwann fragte er dann gar nicht mehr nach. Scheinbar war sein Sohn eine ziemliche Lusche, da er auch in den kommenden Jahren nie einen Marathonsieg vorweisen konnte. Was ich damit sagen möchte, ist: Es ist wichtig, sich nicht davon beeinflussen zu lassen, was andere sagen und sich von der gegebenenfalls fehlenden Anerkennung des Umfeldes frei zu machen.

Ein weiteres typisches Beispiel ist folgendes: Simone [Name geändert] wollte gerne mit dem Laufen beginnen, da bereits die gesamte Familie mit Spaß lief und auch an einigen Straßenläufen teilnahm. Auch ihr Ehemann hatte sich von einer Couchpotato

> zu einem Ultra-Läufer gewandelt. Nachdem Simone abends ihre Runden im Park gedreht hatte, fragte ihr Mann stets beim Heimkommen: „Wie viele Kilometer bist du gelaufen? In welcher Zeit?" Und rechnete ihr anschließend ihre Geschwindigkeit vor. „Dann bist du einen 6er-Schnitt gelaufen" und kommentierte das regelmäßig mit „das letzte Mal warst du schneller/langsamer als heute...". Anfangs tat Simone das als Spinnerei ab, irgendwann nervte es sie aber nur noch, und schließlich ließ sie das Laufen nach 2 Monaten ganz sein. Zwar machte ihr der Sport Freude, doch dem Leistungsvergleich wollte sie sich nicht mehr unterziehen. Sie entschied sich daraufhin für den Kraftsport – hier konnte sie ganz für sich trainieren.
>
> Eine meiner Laufklientinnen behauptete steif und fest, dass sie keine Läuferin sei. „Wie kommst du denn da drauf?", fragte ich sie verblüfft. Denn ihr Laufstil sah gut und flüssig aus, und vor allem hatte sie Spaß dabei. Schließlich erzählte sie mir, dass sie in ihrer Jugend in Bulgarien Handball gespielt und ihr Trainer ihr immer wieder vorgehalten habe: „Mit diesem dicken Hintern wirst du nie eine Läuferin werden!" Auch mehr als 20 Jahre später war diese Aussage noch tief in ihren Gedanken verwurzelt – und hinderte sie heute daran, unbeschwert zu laufen.

Warum kommst du nicht so oft zum Laufen, wie du eigentlich möchtest? Überlege dir, was dich davon abhält. Letztendlich solltest du dir in diesem Fall immer wieder folgende Frage stellen: Wieso nehme ich mir nicht genug Zeit, in meine Gesundheit und meine Ausgeglichenheit zu investieren?

Manchmal ist es wie ein Teufelskreis: Du gehst nicht laufen, weil du müde, ausgelaugt oder viel zu gestresst bist. Aber *weil* du keinen Ausgleich hast, werden dieses Unbehagen und die Müdigkeit immer extremer, und das Laufen rückt immer weiter in den Hintergrund. „Jetzt auch noch laufen?", denkst du völlig abgespannt und bist froh, abends vor dem Fernseher zu liegen.

Weißt du eigentlich, wie gut es sich anfühlt, nach einem hektischen Tag nochmal eine Runde zu laufen? Und sei es auch nur für eine halbe Stunde? Runterzukommen, abzuschalten und die Gedanken zu sortieren? Und kennst du das wohlige Gefühl des Stolzes, wenn du danach

Step 1: Aller (Lauf-)Anfang ist steinig und schwer... – muss er aber nicht!

zurückkommst und weißt, dass du Sport gemacht hast und nun mit Freude und Genuss das Essen und die Couch genießen kannst?

Oft ist auch eine Neuprogrammierung des Gehirns nötig. Man sagt, es dauere 21 Tage, bis der Mensch eine neue Gewohnheit angenommen habe. Das heißt jetzt nicht, dass du 21 Tage hintereinander laufen sollst. Aber nimm dir 3 Wochen lang vor, jeden zweiten oder dritten Tag für eine kurze Runde rauszugehen – und sei es auch nur für 30 Minuten Walking. Danach setze eine Woche aus und beobachte, was passiert. Wie fühlst du dich? Fehlen dir bereits das Laufen und die angenehme Erschöpfung danach?

Versuche herauszufiltern, welche negativen Assoziationen dein Laufen begleiten, und suche dir Kraftsätze, wie du diese austricksen kannst.

Kraftsätze können sein:

- Ich genieße das Laufen!
- Laufen macht mich frei!
- Bewegung ist für mich Quality time!
- Ich tue mir etwas Gutes!
- Ich bin aktiver als 50 Prozent der Deutschen!
- Ich stärke mein Immunsystem!
- Ich laufe Krankheiten davon!
- Laufen bringt mich zum Strahlen!
- Laufen macht aus mir einen besseren (ausgeglicheneren) Partner/Mutter/Vater!

- _____
- _____
- _____
- _____
- _____
- _____

Laufen lieben lernen

Laufen kann auch zum Sightseeing genutzt werden: Reichstagsgebäude Berlin, Drei Zinnen in den Dolomiten, Central Park New York, Eiffelturm Paris.

Ganz wichtig!
Es gibt natürlich auch Umstände, unter denen zur eigenen Sicherheit auf das Laufen verzichtet werden sollte, z.B. bei Glatteis, Gewitter, heftigen Orkanböen, bei extremer Hitze (es sei denn, dein Körper ist akklimatisiert), bei extremer Kälte (ggf. nur mit Mundschutz oder Gesichtsmaske

laufen), bei Fieber, grippalen Infekten oder sonstigen Krankheiten, bei denen Bettruhe unbedingt erforderlich ist. Du wirst dich jetzt wundern und denken: Natürlich trainiere ich *nicht*, wenn ich krank bin. Doch vielleicht überrascht es dich noch mehr, dass es nicht wenige Läufer gibt, die Krankheitsanzeichen ihres Körpers mit Schmerzmitteln bekämpfen, nur, um das Laufpensum zu absolvieren, das in ihrem Trainingsplan steht.

12 Facts, die du als Laufanfänger wissen und beachten solltest

Jetzt geht es so langsam ans Eingemachte. Anbei führe ich dir die wichtigsten Punkte auf, die du als Anfänger berücksichtigen solltest.

1. Das Wichtigste zuerst: Hab Spaß dabei!

Gehe mit Freude an die Sache heran, genieße die Natur, und lächle dabei. Sieh das Ganze als ein spannendes Abenteuer, das im besten Fall dein komplettes Leben verändern wird. Das Laufen wird deine Gesundheit, deine mentale Verfassung und deinen Körper beeinflussen – freu' dich darauf. Manchmal wundere ich mich, dass mir besonders viele Leute freundlich entgegenkommen – bis mir schließlich auffällt, dass ich während des Laufens die ganze Zeit unbewusst vor mich hin grinse. Ein sehr schöner Nebeneffekt, wie ich finde.

2. Gut geölt läuft besser!

Starte immer gut hydriert (mit Wasser, bitte keine Softdrinks!) und niemals durstig in dein Training. Zudem kann es von Vorteil sein, wenn die letzte Mahlzeit (je nach Umfang des Gerichtes) 1 bis 3 Stunden zurückliegt. Mit vollem Magen läuft es sich extrem mühsam. Zumal das Blut nach dem Essen zur Verdauung im Magen benötigt wird – und nicht zur Energieversorgung in den Beinen bereitsteht. Hier muss jeder selbst die Erfahrung machen, wann er sich am wohlsten fühlt. Viele können vor dem Laufen noch schnell eine Banane essen. Doch das wäre mir bereits viel zu viel des Guten, ich bin eher jemand, der nüchtern am besten läuft.

Ist man länger als eine Stunde unterwegs, sollte man immer eine Kleinigkeit an Essen und Getränken in einem kleinen Laufrucksack mitführen – oder aber Geld, damit man sich im Notfall etwas kaufen könnte. Mir genügt manchmal bereits ein TicTac, das mich schon über größte Durst- oder Hungergefühle gerettet hat.

3. Gönne dir ein Warm-up!

Bereite deinen Körper behutsam auf das Laufen vor. Viele Menschen sitzen den kompletten Tag - zuerst am Schreibtisch, dann am Esstisch, später im Auto -, und daheim schnüren sie dann die Laufschuhe und rennen in vollem Tempo los. Dein Kopf ist vielleicht noch bei der Arbeit, deine Muskulatur verspannt und kalt. Das kann nicht gutgehen, und Verletzungen sind vorprogrammiert. Ein kalter Muskel verzeiht wesentlich weniger Trainingsfehler als ein warmer. Starte dein Training daher immer mit Bedacht, und baue zunächst ein Warm-up ein. Beginne mit einem flotten Eingehen von mindestens 5 bis 10 Minuten, und schwinge die Arme mit.

Als ich mit dem Laufen begann, las ich irgendwo Folgendes: Laufe nie los, bevor du dich nicht ausgiebig 5 Minuten lang gedehnt hast. Bitte NICHT nachahmen! Irgendwann zog ich mir eine üble Zerrung zu und wusste nicht so recht, warum. Schließlich hatte ich ja immer schön brav gedehnt. Als ich mich näher mit dem Laufen beschäftigte, war mir alles klar: Dehne niemals deine kalte Muskulatur. Das geht nach hinten los!

4. Finde deinen eigenen Takt!

Gerate nicht in Versuchung, beim ersten Mal gleich 30 Minuten am Stück laufen zu wollen – insbesondere dann nicht, wenn du noch nie oder bereits seit einigen Jahren nicht mehr gelaufen bist. Beginne nach dem 5- bis 10-minütigen Warm-up mit Gehen und Laufen im Wechsel. Das schont die Muskulatur. Beginne zum Beispiel mit 1 Minute laufen, 1 Minute gehen – immer im Wechsel. Wähle dafür eine flache, einfache Strecke – gerne asphaltiert oder Waldboden. Schau aber, dass diese nicht zu steinig oder uneben ist, damit du dich mehr auf dich, als auf den Boden konzentrieren kannst.

5. Plauschen statt schnaufen!

Bestimme dein Tempo so, dass du jederzeit locker dabei reden kannst. Gerätst du in Stoßatmung oder hast keine Lust mehr zu sprechen, dann bist du viel zu schnell unterwegs. Reduziere dann unbedingt dein Tempo – ganz egal, wie schnell die anderen laufen oder ob jemand mit Walkingstöcken an dir vorbeizieht. Achte dabei vollkommen auf dich und nicht auf dein Umfeld. Nur dann, wenn du locker läufst, baust du eine optimale Grundlagenausdauer auf. Ich vergleiche das gerne mit einem Hausbau: Je besser das Fundament (Grundlagenausdauer), desto höher kannst du später darauf aufbauen. Baust du bereits am Dach (Tempo), bevor das Fundament fertig ist, dann wird dies früher oder später über dir zusammenbrechen. Vielleicht liegt dir aber auch der Autovergleich näher: Ein Neuwagen muss auch erst mal behutsam eingefahren werden. Gibst du von Anfang an Vollgas, kann das dem Motor langfristig schaden.

Streiche jegliche Tempovorgaben aus deinem Kopf. Ignoriere auch, wenn dein Laufpartner behauptet, du seist viel zu langsam unterwegs oder dass „richtiges" Laufen erst ab einer gewissen Geschwindigkeit beginnen würde. Wer bestimmt das? Und wer sagt, dass Laufen immer anstrengend sein *muss*?

Am besten schaust du während des Laufs auch gar nicht auf deine Uhr, sondern achtest nur darauf, wie dein Körper reagiert. Die meisten laufen viel zu schnell – und sind somit auch viel zu schnell müde. Lächle, wenn du locker an ihnen vorbeiziehst – während sie erschöpft am Rand stehen.

„**Running** *is a* **feeling**, *you can't explain.*"

6. Lass den Atem fließen!

Sehr oft werde ich gefragt: „Wie muss ich beim Laufen atmen? 2 Schritte ein, 2 Schritte aus?" Viele haben dabei auch noch die Worte ihres Sportlehrers im Ohr, der ihnen empfahl, in einem bestimmten Rhythmus zu atmen. Meine Gegenfrage ist stets: „Wie atmest du, wenn du am Schreibtisch sitzt oder beim Einkaufen oder auf dem Fahrrad unterwegs bist?" Richtig! Du machst dir keine Gedanken darüber! Der

Atem kommt und geht. Auf ganz natürliche Weise. Und so ist es auch beim Laufen. Lass den Atem fließen. Der Körper atmet dann, wenn es nötig ist – und nicht nach einem bestimmten Rhythmus. Dein Körper holt sich den Atem, wenn er ihn braucht.

Eine andere Theorie, die immer wieder diskutiert wird, ist die Nasenatmung. Sie besagt, dass man nur so schnell laufen sollte, wie es mit einer Atmung rein durch die Nase (mit geschlossenem Mund) möglich sei. Probiere diese Nasenatmung gerne mal aus. Sie wird dich sehr schnell zu einem langsamen Tempo zwingen. Willst du das Tempo jedoch mal anziehen, wirst du mit einer Nasenatmung sehr schnell an die Grenze kommen, da zu wenig Luft durch die schmalen Kanäle der Nase fließen kann. Bei mir funktioniert diese Art der Atmung nicht – egal bei welchem Tempo. Meine Nase ist so schmal, dass mir dadurch keine ausreichende Luft zum Laufen zur Verfügung steht. Selbst im gemächlichen Tempo fühle ich mich damit äußerst unwohl. Daher atme ich beim Laufen stets durch Nase UND Mund. So wie ich es unbewusst auch im Alltag tue.

Ein Argument für die Nasenatmung wäre, wenn du bei eisiger Kälte läufst – also bei deutlichen Minustemperaturen. Die Atemwege werden durch die kalte Luft stark gereizt. Das führt schneller als üblich zu Husten und Bronchitis. Wenn die Luft jedoch zunächst durch die Nase fließt, kommt sie bereits vorgewärmt in den Atemwegen an. Eine andere Möglichkeit dafür wäre, sich einen Rollkragen, Schal oder Schlauchtuch beim Laufen vor den Mund zu ziehen.

7. Locker flockig!

Die meisten Läufer versuchen, mit einem raumgreifenden Schritt möglichst viel an Wegstrecke zurückzulegen. Das kostet jedoch viel zu viel Kraft und geht auf Kosten der Muskulatur. Viel besser ist es, mit lockeren, kleinen Schritten zu laufen – deine Gelenke werden es dir danken. Außerdem wirst du merken, dass dein Kraftaufwand deutlich geringer ist. Hierauf gehe ich im Kapitel „Step 2: Lauftechnik" nochmal ausführlich ein.

Step 1: Aller (Lauf-)Anfang ist steinig und schwer… – muss er aber nicht!

Geheimbund Läufer

Vielleicht hast du dich schon mal gewundert, warum entgegenkommende Läufer plötzlich die Hand zum Gruß hoben oder einfach „Hallo" sagten, obwohl du sie gar nicht kanntest? Eines musst du als Laufeinsteiger unbedingt wissen: Läufer grüßen Läufer untereinander – genau so, wie es beispielsweise Motorradfahrer tun, wenn sie einem anderen begegnen. Das ist ein ungeschriebenes Gesetz, das insbesondere Laufanfänger nicht immer kennen (können). Viele blicken mich fragend an, wenn ich sie grüße. Dabei will ich im Prinzip nur Folgendes: freundlich sein, aber auch zeigen: „wir sind Gleichgesinnte". Ich weiß genau, was du machst und vor allem, warum. Da bedarf es keiner weiteren Worte.

8. Geh nicht an die Grenzen!

Es genügt zu Beginn vollkommen, wenn du 30 bis 45 Minuten (inkl. Ein- und Ausgehen) unterwegs bist. Außerdem solltest du dich stets im Wohlfühltempo bewegen. Bist du vollkommen außer Atem, hast einen hochroten Kopf und verspürst gegebenenfalls eine leichte Übelkeit oder Kreislaufprobleme? Dann bist du viel (!) zu schnell unterwegs. Du solltest dich nach dem Training angenehm angestrengt, jedoch nicht vollkommen am Ende fühlen. Nur dann war es für deinen Laufbeginn ein erfolgreiches Training.

9. Gönne dir ein Cool-down!

Laufe am Ende deines Lauftrainings nicht direkt bis zu deiner Haustür, sondern baue ein Cool-down ein. Nimm dir die Zeit, und gehe die letzten 5 bis 10 Minuten locker aus – so dass du entspannt zuhause ankommst. Das Cool-down ist auch wichtig für die richtige Regeneration.

10. Halte deine Muskeln geschmeidig!

Dehnen ist der erste Schritt zur Regeneration. Füge nach jeder Laufeinheit ein kleines Dehnprogramm an. Die Basisübungen bestehen aus der

Dehnung der Wadenmuskulatur, Oberschenkel (Vorder-, Rück-, Innen- und Außenseite), Po und Hüftbeuger (siehe Kapitel „Step 1: Dehnen ist der erste Schritt zur Regeneration"). Halte jede Übung für mindestens 20 Sekunden – wenn du Zeit hast, gerne auch länger. Das Dehnen sollte nicht weh tun – vielmehr sollte es sich dabei um einen angenehmen *Wohlfühlschmerz* handeln. Spürst du ein unangenehmes Stechen, dann brich die Dehnung sofort ab, und lass die Ausführung von einem Trainer oder Physiotherapeuten überprüfen.

Bitte achte darauf, dass du dabei nicht auskühlst. Verlege bei kühleren Temperaturen das Dehnen auch gerne nach drinnen. Erstens verkrampft eine zitternde Muskulatur, und zweitens ist die Gefahr einer Erkältung durch Auskühlung recht hoch.

11. Einmal ist keinmal!

Finde die für dich richtige wöchentliche Dosierung: Einmal ist keinmal. Läufst du 1x pro Woche, beginnst du jedes Mal wieder von Neuem. 2x pro Woche Laufen ist gut, 3x Laufen ist besser. 4x könnte jedoch schon wieder zu viel des Guten sein. Gönne deinem Körper eine Regenerationszeit von mindestens einem, besser 2 Tagen bis zum nächsten Training.

„Wie soll ich das schaffen?", fragst du dich jetzt vielleicht. Selbst wenn du zwischendurch nur 30 Minuten zur Verfügung hast, nutze diese als Einheit! Wenn du 3x pro Woche 30 Minuten läufst, ist das viel effektiver, als einmal am Wochenende 90 Minuten unterwegs zu sein. Absolviere zudem ab sofort alle Wege zu Fuß (Laufen oder strammes Walken), egal ob zur Post, schnell mal zum Bäcker oder zum Einkaufen. Nutze zudem Treppen, und meide Rolltreppen oder Aufzüge. Bringe deinen Stoffwechsel so oft wie möglich in Schwung.

12. Nichts überstürzen!

Versuche, nichts zu überstürzen – auch wenn du gerade am Anfang übermotiviert sein solltest: Baue dein Lauftraining Schritt für Schritt auf. Erhöhe zunächst in kleinen Schritten die Laufumfänge und danach vorsichtig die Geschwindigkeit. Die meisten Verletzungen entstehen dann, wenn man viel zu schnell viel zu viel von sich erwartet. Lass dir Zeit, und genieße jeden Lauf. Denke immer daran: Es geht nicht um Zeiten oder Leistungsvergleiche – es geht um den Spaß an der Bewegung!

Step 1: Aller (Lauf-)Anfang ist steinig und schwer... – muss er aber nicht!

Höre stets auf deinen Körper, und laufe nur dann, wenn du dich gut fühlst! Laufe nie bei Fieber. Wenn du beim Laufen Schmerzen spürst, dann brich das Laufen ab. Laufe nie in einen Schmerz hinein oder übergehe ihn. Insbesondere Schienbein-, Achillessehen- oder Knieschmerzen können tückisch sein, da diese mit warmer Muskulatur zunächst abklingen. Analysiere – mithilfe eines Sportmediziners, Physiotherapeuten oder Lauftrainers – die Ursache deiner Beschwerden, und behebe diese früh genug, bevor sie dir das Laufen dauerhaft vermiesen.

> **ICH MOTIVIERE MICH ZUM LAUFEN**
> *„... weil ich damit meinen **eigenen Weg** gehen kann. Es ist jedes Mal ein **Geschenk** an mich selbst."*
> *Doreen Beyer*

Das nötige Equipment

Im Prinzip bedarf es wenig, um einfach loszulaufen. Das ist das Schöne am Laufsport: Es genügen Laufschuhe und ein paar Sportklamotten, und schon kann es im Grunde genommen los gehen! Hier habe ich ein paar Ausrüstungstipps für deinen Laufanfang zusammengestellt.

Laufschuhe

Ich bin in den Laufanfängen selbst mit uralten Schuhen gelaufen, bis ich merkte, dass ich richtig Spaß am Laufen hatte und mich professionell beraten ließ. Es muss bei deinem Laufschuh kein Hightech-Modell für 250 € sein, das du dann möglicherweise nach 3 Monaten wieder an den Nagel hängst. Ein Vorjahresmodell zu einem erschwinglichen Preis reicht bei Schuhen vollkommen aus. Kaufe insbesondere zu Beginn deine Schuhe immer im Fachhandel. Optimal wäre ein Laufladen, der über gutes Personal und die Möglichkeit einer Laufanalyse mit Kamera verfügt. So kann ein geschulter Verkäufer feststellen, ob eine Fußfehlstellung vorliegt und welches Modell – ob mit oder ohne Pronationsstütze – das richtige für dich ist. Perfekt wäre es, wenn du die Schuhe auf der Straße testen könntest. Bitte bedenke, dass du auf dem Laufband womöglich anders läufst als in der freien Natur und sich so das Gefühl für den Schuh verfälschen kann. Frage deinen Händler auch immer nach einem Rückgaberecht. Dann kannst du die Schuhe innerhalb einer bestimmten Zeit zurückbringen, wenn du nicht damit zurechtkommst. Meist zeigt sich nämlich erst nach mehreren Trainingsläufen, ob du dich wirklich darin wohlfühlst.

Wähle die Größe der Schuhe so, dass du an den Zehen mindestens einen Daumen breit Platz hast. Kaufe die Schuhe nie nach dem Äußeren! Du solltest reinschlüpfen und dich wohlfühlen – die Farbe ist da nebensächlich. Ich bin ein Verfechter des natürlichen Laufens (weitere Details hierzu im Kapitel „Step 2: Lauftechnik"). Daher empfehle ich, dass deine Schuhe relativ leicht sein sollten. Es gibt Modelle, von denen ein Schuh bereits an die 400 Gramm wiegt. Mal 2 sind das 800 Gramm. Wenn du womöglich noch orthopädische Einlagen zu je 100 Gramm tragen musst, kommst du auf 1 Kilogramm, das du zusätzlich an Gewicht mit dir rumschleppen musst. Da sollen einem die Beine mal nicht schwer werden...

Ein weiterer Punkt ist die Sprengung eines Schuhs (engl. auch Drop genannt). Unter Sprengung versteht man den Höhenunterschied der Sohle zwischen Ferse und Vorfuß. Hat ein Schuh eine Sprengung von 12 Millimeter bedeutet das, dass der „Absatz" des Schuhs 1,2 Zentimeter höher ist als der Vorfuß. Man steht also wie in einem Absatzschuh und wird automatisch seinen Laufstil danach anpassen. Je flacher ein Schuh, desto näher ist man dem natürlichen Laufen. Du solltest jedoch nicht gleich am Anfang auf total flache Schuhe zurückgreifen – da du damit auch schnell deine Füße, Waden und Achillessehnen überlasten kannst. Besser ist es, sich langsam an flachere Schuhe heranzutasten. Optimal wäre es, wenn der Schuh zu Beginn deines Lauftrainings eine Sprengung von maximal 10 hat. Teste, wie du damit zurechtkommst, und taste dich beim nächsten Schuhkauf Schritt für Schritt nach unten. Es muss kein Schuh mit einer Sprengung von 0 (also ganz flach) sein – pendele dich für ein bequemes Laufgefühl zwischen 3 und 8 mm ein. Die Frage sowie die richtige Beantwortung zur Sprengung unterscheidet einen Schuhladen auch von Laufschuhexperten. Ich weiß noch, wie ich in einem Asics-Store nach der Sprengung eines Schuhs fragte und der Verkäufer mit einem unsicheren: „Ich glaube 20..." antwortete. Ich reagierte mit einem entsetzten: „Sicher??? So viel?!?" Was den Verkäufer dann doch ganz schnell dazu verleitete, einfach mal im Rechner nachzuschauen.

Step 1: Aller (Lauf-)Anfang ist steinig und schwer... – muss er aber nicht!

Auch die Dämpfung spielt bei den Schuhen eine wichtige Rolle. Schaut man sich die Laufschuhe der 70er Jahre an, so waren diese damals kaum gedämpft. Im Laufe der Jahre und mit Zunahme der Verletzungen verdichtete sich die Meinung, dass eine gute Dämpfung diesen vorbeugen könne. Doch weit gefehlt. Die Zahl der Verletzungen wurde nicht geringer – ganz im Gegenteil. Als Anfang der 2000er Jahren die Barfußlauf-Bewegung aus den USA herüberschwappte, dachten viele, hierin das Heil für Läufer gefunden zu haben. Alle Laufschuh-Hersteller boten plötzlich Barfußschuhe an. Und was tat der Großteil der Läufer? Er stellte von heute auf morgen von gut gedämpften Schuhen mit hoher Sprengung auf sogenannte Natural-Running-Schuhe um: Alle Strecken wurden von jetzt auf gleich nur noch mit Barfußschuhen absolviert. Schließlich war das ja das natürliche Laufen, wie wir es alle der Evolution nach können sollten. Doch was war das Ende vom Lied? Die Verletzungsrate stieg! Wieso? Füße, die jahrzehntelang im bequemen und geführten Fußbett lagen, konnten nicht plötzlich fast barfuß über den Asphalt schweben. Dazu war deren Muskulatur nicht ausgebildet, Bänder und Sehnen waren überfordert. Hätte man sich Schritt für Schritt der Sache angenähert, hätte es tatsächlich ein Erfolgsmodell werden können. Von 0 auf 100 jedoch – vom Stabilschuh zum Barfußlaufschuh – konnte das nicht gut gehen. Also ruderten fast alle Hersteller wieder zurück, und die meisten – mit wenigen Ausnahmen – sind heute wieder beim stabilen, gedämpften Allroundmodell für die breite Masse angekommen. Sehr schade, wie ich finde!

Jedoch: Vorsicht vor zu hoher Dämpfung. Diese Schuhe vermitteln das Gefühl, auf einem weichen Kissen zu laufen und so vor Verletzungen geschützt zu sein. Sportwissenschaftler der Oregon State University in den USA bewiesen in einer Studie jedoch das Gegenteil. Läuferinnen sollten auf dem Laufband eine Strecke von 5 Kilometern joggen. In der ersten Runde trugen sie einen Laufschuh mit wenig Dämpfung. Nach einer Woche liefen sie erneut die Strecke, dieses Mal allerdings in Schuhen mit stark gedämpfter Sohle. Die Forscher untersuchten vor, während und nach den Läufen die Füße und Beine der Probandinnen. Außerdem zeichneten sie die Kräfte auf, die währenddessen auf den Körper einwirkten. Das Ergebnis war, dass die Körper der Läuferinnen eine höhere Belastungsrate aufzeigten, wenn sie die stark gedämpften Schuhe trugen. Anstatt stabilisiert zu werden, müssen sich die

Muskeln beim Tragen der gedämpften Schuhe also zusätzlich anstrengen. Die muskuläre Mehrbelastung oder Überlastung kann letztendlich zu Schmerzen führen. Bei unzureichender Stabilisierung sind sogar Verletzungen im Sprunggelenk möglich. Auch ich habe mich an Modellen mit gut gedämpften Sohlen versucht. Sinnvoll sind solche Schuhe vor allem im Trailrunning-Bereich, wenn ich aber damit über Asphalt lief, hatte ich in ihnen ein schwammiges Gefühl und musste zu viel Kraft für den Vortrieb aufwenden – fast so, als ob ich über Sand oder Schnee laufen würde.

Die noch relativ junge Markteinführung von Carbon-Laufschuhen ist ein spezielles Thema für sich. Für den Laufeinstieg sind sie zwar auf keinen Fall zu empfehlen, aber du solltest zumindest davon gehört haben. Spätestens seit dem Versuch von Eliud Kipchoge, den Marathon in unter 2 Stunden zu schaffen - was ihm 2019 in Wien in einem inoffiziellen Weltrekordversuch auch gelang – stehen diese Schuhe im Fokus der Laufszene. Dabei wurde heiß diskutiert, ob es sich bei der Einbindung einer Carbonplatte in die Sohle des Laufschuhs bereits um Material-Doping handelt oder nicht. Der Leichtathletik-Weltverband gab im Frühjahr 2020 Entwarnung. Die Schuhe sind erlaubt, wenn die Sohle nicht höher als 4 Millimeter ist und sich nicht mehr als eine Carbonplatte darin befindet. Carbonschuhe sind jedoch nicht nur bei Profiläufern heiß begehrt. Bereits 2019 konnte man zahlreiche Hobbyläufer und Triathleten bei diversen Wettkämpfen damit entdecken. Wer mit einem Carbonschuh liebäugelt, sollte allerdings Folgendes beachten: Zum einen sind solche Schuhe mit einem Kaufpreis von 200 bis 300 € sehr teuer. Außerdem wurde dem Nike-Spitzenmodell zu Beginn lediglich eine Kilometerleistung von maximal 250 Kilometern zugesprochen. Neuere Modelle scheinen eine längere Lebenserwartung zu haben, die jedoch nicht an die „normaler" Laufschuhe heranreichen dürfte – die meist mit 700 bis 1.000 Kilometern angegeben wird. Dass der Schuh bei jedem Schritt pusht und einen guten Vortrieb gibt, ist unbestritten. Jedoch sind die meisten Modelle so ausgelegt, dass die positiven Faktoren nur solchen Läufern zugutekommen, die einen guten Laufstil haben. Bei Fersenläufern verpufft dieser Effekt. Auch sind die Schuhe für Läufe auf Asphalt konzipiert. Auf weichen Böden (Tartanbahn oder Wald) sind diese – je nach Modell – durch die hohe, gedämpfte Sohle möglicherweise zu schwammig.

Step 1: Aller (Lauf-)Anfang ist steinig und schwer... – muss er aber nicht!

Zusätzlich hört man immer mal wieder von Läufern, die sich durch die Rückschlagkraft der Carbonplatte einen Ermüdungsbruch im Fuß zugezogen haben. Daher: Selbst, wenn du irgendwann einen solchen Schuh testen möchtest, steigere die Umfänge damit äußerst langsam.

Egal, zu welchem Schuh du beim Kauf tendierst, entscheide immer nach deinem Gefühl! Fühlst du dich in deinem Laufschuh wohl, dann ist er genau das richtige Modell für dich.

Übrigens: Leidest du auch unter löchrigen Laufschuhen? Meistens im Bereich des großen Zehs und trotz akribisch geschnittener Nägel? Dann klebe einfach Tape oder ein durchsichtiges Klebeband von innen gegen die Schwachstelle.

Wenn du 3 bis 4 Mal pro Woche läufst, dann solltest du immer mindestens 2 Laufschuhe abwechselnd tragen, da so der jeweils andere Schuh immer genügend Zeit zum Trocknen hat. Außerdem würde ich dir empfehlen, Schuhe von verschiedenen Herstellern zu wählen. Ich weiß, man hat immer seine Lieblingsmodelle, doch der Fuß stellt sich mit seinen Muskeln, Sehnen und Gelenken schnell auf einen Schuh ein. Das ist ungünstig, falls der Schuh doch nicht ganz für deinen Fuß geeignet ist. Durch einen zweiten Schuh erhält er seine Flexibilität und lässt sich so nicht so schnell in eine Fußfehlstellung drängen, die Verletzungen nach sich ziehen könnte.

Barfußschuhe gibt es in den unterschiedlichsten Ausführungen.

Langfristig solltest du für verschiedene Trainingseinheiten auch verschiedene Modelle tragen: Stabilschuhe für längere Einheiten, Trailschuhe für Läufe abseits der Straße und Lightweight-Schuhe für das Lauf-ABC, Lauftechniktraining oder schnellere Einheiten.

Was jedoch bei der ganzen Laufschuh-Diskussion am wichtigsten ist: Trainiere deine Füße! Stärke deine Fußmuskulatur, damit diese stabil und kräftig ist. Egal, welche Fußfehlstellung du hast, ob du ein Überpronierer oder Supinierer bist, lass dir von einem Orthopäden entsprechende Kräftigungsübungen zeigen. Gehe zuhause möglichst oft barfuß, und trage regelmäßig Barfußschuhe im Alltag. Denn wieso sollest du viel Geld für gestützte Schuhe oder orthopädische Einlagen ausgeben, wenn du es selbst in der Hand hast, deine Basis zu stärken?

Laufkleidung

Auch hier ist die Bequemlichkeit oberste Prämisse. Wichtig ist, dass du darin ein positives Gefühl hast und dich gut bewegen kannst. Deine Laufkleidung sollte aus einem atmungsaktiven Funktionsmaterial bestehen. Baumwollshirts oder -hosen hängen wie schwere Lappen an deinem Körper, wenn sie mit Schweiß oder Regen vollgesogen sind.

Es muss zu Beginn deiner Laufkarriere nicht das Neuste vom Neuen sein. Es genügt auch vollkommen, auf die Angebote von Discountern zurückzugreifen. Diese Sachen behalten zwar ggf. nicht so lange ihre Form wie Markenkleidung, erfüllen aber zum Laufbeginn vollkommen ihren Zweck.

In der kälteren Jahreszeit agierst du am besten nach dem Zwiebelprinzip und trägst mehrere Schichten übereinander. Entwickele hierfür ein Gespür, was die optimale Mischung ist. Wenn du beim Loslaufen ein leichtes Kältegefühl verspürst, ist es genau richtig. Schwitzt du bereits, wenn du vor die Tür trittst, dann hast du zu viele Schichten an. Das Gute am Zwiebelprinzip ist, dass du dich Stück für Stück der Schichten entledigen kannst. Meine absoluten Favoriten sind auch Armlinge oder sogenannte Lauf-Boleros, also Jacken, die lediglich Schultern, Nacken und Arme bedecken. Die Armlinge lassen sich einfach herunterkrempeln, den Bolero kannst du um die Hüften binden.

Step 1: Aller (Lauf-)Anfang ist steinig und schwer… – muss er aber nicht!

Beim Thüringen Ultra 2018: Ausgerüstet mit Laufrucksack und Bolero.

Im Winter trage ich lange Laufhosen. Hier kommt es auf den jeweiligen Geschmack an, ob sie eng anliegen oder eher locker geschnitten sein sollen. Klettert die Außentemperatur auf mehr als 10 Grad Plus, greife ich auf ¾-lange Hosen zurück. Bei sommerlichen Temperaturen ziehe ich kurze Hosen an. Gerne trage ich luftigere Laufshorts über den engen Lauftights. Diese dienen zum einen als modisches Accessoire, zum anderen auch dazu, Problemzonen zu verhüllen.

Apropos Problemzonen

Beim Laufen ist es absolut wichtig, dass du dich sicher und wohl fühlst. Wenn du dir ständig Gedanken darüber machst, dass du bestimmte Körperteile vor den Blicken anderer verbergen willst/musst, dann kannst du dich nicht auf das Wesentliche konzentrieren. Ich kenne Frauen, die mit vorgebeugtem Rücken laufen, um ihre Oberweite zu verbergen oder Männer, die einen Arm quer vor den Körper halten, damit man ihren Bauch nicht sieht. Das alles kostet unnötig Kraft und kann auf Dauer im schlimmsten Fall (durch die Einseitigkeit der Bewegung) zu muskulären Dysbalancen und Verletzungen führen.

Daher: Wähle deine Kleidung so, dass du dich komplett behaglich darin fühlst – und nichts mehr wackelt. Entscheide dich bei großer Oberweite für einen BH oder ein Bustier, das stark genug ist, deine Brüste zu stützen (ein Tipp hierfür wäre der *Schiesser High Impact*), oder trage 2 (günstigere) Modelle übereinander. Ist der Bauch im Weg, oder wackelt der Po, so wähle eine Hose, die hoch (über den Bauch) geschnitten oder mit einem breiten Bund versehen ist (High Waist), und ziehe darüber eine lockere Shorts als Überhose oder, wenn du eine Frau bist, auch einen Laufrock. Zusätzlich kannst du dich bei Kompressionskleidung umschauen. Insbesondere auch dann, wenn du unter Wassereinlagerungen oder Lipödem leidest.

Wissenschaftler fanden heraus, dass Kompressionskleidung dazu beitragen kann, Muskelverletzungen zu vermeiden und der Bildung von Entzündungsbotenstoffen entgegenwirkt. Zudem wirke sich der enge Stoff an den Beinen auf das Durchhaltevermögen positiv aus. So waren Sportler in weiten Hosen bei Leistungstests früher erschöpft als jene in enger Kleidung. Das kann ich zwar aus eigener Erfahrung nicht bestätigen, aber insbesondere bei Ultraläufen greife ich gerne auf Kompressionssocken zurück, da damit meine Füße auf langen Strecken weniger anschwellen und sich anschließend erholter anfühlen als mit normalen Strümpfen.

Step 1: Aller (Lauf-)Anfang ist steinig und schwer... – muss er aber nicht!

Oli und ich kurz vor dem Start des 168-km-langen Rennsteig nonstop (2018) - beide mit Kompressionssocken.

Die Kopfbedeckung ist eine ganz individuelle Sache. Anfangs lief ich oft mit Basecap, was mir aber insbesondere im Sommer viel zu warm wurde, denn oftmals staute sich einfach nur die Hitze darunter, anstatt mich vor der Sonne zu schützen. Heute zählt das Headband zu meinen Favoriten. Im Winter gefüttert, im Sommer aus dünnem, kühlendem Material. So hast du bei Kälte Stirn und Ohren geschützt, und im Sommer fängt das Headband den Schweiß auf – oder kann, wenn man es mit Wasser befeuchtet, bei tropischen Temperaturen auch kühlen.

Laufuhr

Es kann motivierend sein, mit einer Laufuhr zu laufen, denn sie dokumentiert deine Einheiten sowie deine Trainingsentwicklung. Sie kann dich aber auch gehörig unter Druck setzen, nämlich dann, wenn du mal nicht so viel Zeit fürs Training hast und sie dir unbarmherzig aufzeigt: „Letzte Woche bist du 5 Kilometer mehr gelaufen..."

Ich kann und werde an dieser Stelle keine Uhr empfehlen, dazu ist der Markt zu vielfältig. Außerdem kommt es ganz darauf an, welche Anforderungen du an die Funktionalität stellst und vor allem, wie viel du dafür ausgeben möchtest. Nach oben hin sind da fast keine Grenzen gesetzt. Eine GPS-Uhr bietet dir in der Grundausstattung Daten wie Kilometerumfang, Geschwindigkeit und Höhenprofil deines Trainings. Mittels einer Herzfrequenzmessung zeigt sie dir an, in welchen Trainingsbereichen du gelaufen bist, wie viele Kalorien du verbraucht hast und wie deine sportliche Entwicklung verläuft. Hast du einen Brustgurt, können dir oftmals Details zur Laufeffektivität angezeigt werden. Als Anfänger sind das jedoch viel zu viele Details. Es genügt vollkommen, wenn du zunächst in deinem Wohlfühlbereich läufst. Nur so kannst du ein Gefühl für deinen Körper entwickeln – was vielen „erfahrenen" Läufern oftmals fehlt. Sie lesen nur noch Daten von der Uhr ab, ohne wirklich darauf zu hören, welche Signale ihnen ihr Körper sendet.

Es kann zu Beginn durchaus sinnvoll sein, auf die richtige Herzfrequenz zu achten, die dir eine Uhr anzeigen kann. Dazu müsstest du natürlich deine optimale Herzfrequenz und deine Leistungsbereiche kennen. Allgemeine Formeln zur Berechnung der Herzfrequenz sind nicht sinnvoll. Ich weiß noch, dass ich in den ersten Jahren die damals geläufige Faustformel „220 minus Lebensalter" zur Bestimmung des Maximalpulses und meiner Leistungsbereiche heranzog. Mein Wohlfühlbereich (GA1 = Grundlagenausdauer) ergab damit einen Wert von 135-140 Schlägen. Du kannst dir nicht vorstellen, wie unendlich langsam ich damals laufen musste, um diesen Wert zu halten. Wenn ich locker trabte, war ich bereits bei 150 Schlägen. Merkwürdigerweise fühlte ich mich dabei aber trotzdem wohl und lief nach meinem Gefühl dennoch recht locker. Da die Zahlen auf meiner Uhr aber etwas anderes sagten, brachte mich das schier zur Verzweiflung. Einige Zeit später absolvierte ich meinen ersten Laktattest – das ist ein Test

Step 1: Aller (Lauf-)Anfang ist steinig und schwer… – muss er aber nicht!

zur Bestimmung der Leistungsbereiche (Erläuterung folgt im Kapitel „Step 3: Wie schnell ist schnell?"). Und was war das Ergebnis? Ich war stets viel zu langsam unterwegs. Bei einer Herzfrequenz von 150 lief ich in meinem Regenerationsbereich. Mein Grundlagenausdauerbereich jedoch lag weitaus höher. Das heißt, dass ich mich immer unterfordert hatte und aufgrund dessen auch keine richtigen Leistungsfortschritte verzeichnen konnte.

Daher: Eine 08/15-Formel berücksichtigt nicht alle Faktoren eines Läufers. Bist du männlich oder weiblich, bist du ein Hochpulser oder nicht, bist du sportlich oder unfit. Lass dich von diesen Werten zu Beginn nicht unter Druck setzen. Laufe in den ersten Monaten rein nach Körpergefühl und nicht schneller, als dass du bequem dabei reden könntest. Hast du langfristig Spaß am Laufen gefunden, ziehe für den nächsten Schritt die Tests, wie im Kapitel „Step 3" beschrieben, in Betracht.

Wenn du einfach nur zu Beginn deine Wegstrecke aufzeichnen möchtest, um zu sehen, wie weit und wie schnell du gelaufen bist, dann genügt es vollkommen, wenn du dir eine kostenlose App, wie beispielsweise *adidas Running by Runtastic*, herunterlädst.

Sonstiges: Nie ohne meinen Laufrucksack

Ein für mich unerlässliches Equipment ist der Laufrucksack (auch Trinkweste genannt). Er ist stets mein treuer Begleiter. Anfangs lief ich immer mit Trinkgürtel. Eine Flasche im Rücken, die beim Laufen nervtötend auf und nieder wippte. Später wechselte ich zum Trinkgürtel, dessen Ballast auf mehrere kleine Flaschen rings um die Hüfte verteilt war. Aber auch damit wurde ich nicht richtig glücklich, bis ich im Ultratraining den Laufrucksack für mich entdeckte. Die neueren Modelle sind so konzipiert, dass sie sich wie eine Weste anschmiegen. Es wackelt nichts, und je nach Füllmenge dient dieser zu mehr als nur einem reinen Trinkrucksack: Er bietet Stauraum für mein Handy, Schlüssel, Taschentücher, Geld, Powergel und ein Erste-Hilfe-Set (das ich immer bei mir trage), aber auch genügend Platz für eine Windweste, ein Schlauchtuch, Handschuhe oder Ähnliches. Bewährt hat sich für den Transport von Kleinigkeiten auch ein sogenannter Runningbelt – ein Laufgürtel –, in den man allerlei verstauen und komfortabel mitführen kann.

Hilfe, ich muss mal…

Laufen regt die Verdauung an. Und das ist gut so! Doch ich kenne Läufer, die laufen los und müssen 10 Minuten später bereits ganz dringend zur Toilette. Vielleicht gehörst du ja auch dazu? Ob groß oder klein – je nach Laufstrecke kann dies zu einem mittelgroßen Problem ausarten. Im Sommer gibt es in der Natur genügend Blätter an den Bäumen, die man benutzen kann, aber was ist im Winter? Für alle Notfälle habe ich mindestens immer ein Papiertaschentuch dabei. Wenn ich ohne Rucksack laufe, stecke ich mir das Taschentuch zusammengefaltet in mein Hosenbein – bei kurzen oder ¾-Hosen seitlich übers Knie. Das ist eine Stelle, an der ich nicht schwitze, so dass das Taschentuch stets trocken bleibt. Es kommt äußerst selten vor, dass ich es für einen Toilettennotfall selbst benutzen musste, aber so manch einem meiner Mitläufer habe ich damit – im wahrsten Sinne – bereits „den A… gerettet". 😉

Suche dir ein sicheres Plätzchen abseits der Strecke, und verrichte deine Notdurft. Doch Halt: Bitte wirf ein benutztes Taschentuch danach nicht einfach achtlos in die Natur. Ein Taschentuch benötigt bis zu 3 Monate, bis es verrottet ist (ein ausgespuckter Kaugummi sogar 5 Jahre!). Außerdem sieht es unschön aus, wenn es im Wald nur so von zurückgelassenen Tüchern wimmelt – denn schließlich wollen wir als Läufer ja die Natur genießen und nicht sehen, wo überall schon jemand „hingemacht" hat. Nimm das Taschentuch mit (stecke es ggf. in eine kleine mitgeführte Tüte oder einen Hundekotbeutel), und entsorge es im nächsten Mülleimer. Je nach Jahreszeit solltest du dich außerdem auf Zecken absuchen, die eine solche Situation schamlos ausnutzen können.

Bist du in der Stadt unterwegs, dann suchst du oft vergeblich nach einem ruhigen Plätzchen in der Natur. Frag daher bei Tankstellen oder Gaststätten nach, ob du deren Toilette benutzen darfst. Oft ist das kein Problem, doch manchmal wird dafür eine saftige Gebühr verlangt. Ich habe in einem Café in der Frankfurter Innenstadt auch schon mal 2 € für die Toilettenbenutzung gezahlt. Da ist es ganz ratsam, immer etwas Kleingeld mitzuführen.

Step 1: Aller (Lauf-)Anfang ist steinig und schwer... – muss er aber nicht!

Und da wir gerade beim Thema Körperflüssigkeiten sind: Vielleicht hast du festgestellt, dass deine Nase beim Laufen verstärkt läuft – insbesondere dann, wenn es draußen kalt ist? Hört das nach dem Sport wieder auf, ist es eine ganz normale Reaktion des Körpers, die dafür sorgt, dass unsere Muskeln bei körperlichen Belastungen genügend Sauerstoff bekommen. Läuft die Nase auch zuhause noch weiter, handelt es sich gegebenenfalls um eine allergische Reaktion, wie Heuschnupfen. Das solltest du dann abklären lassen. Für meine laufende Nase habe ich – wie zuvor beschrieben – immer ein Papiertaschentuch dabei, denn ein ständiges Hochziehen des Nasensekrets belastet auf Dauer. Einfacher ist es, wenn du die Flüssigkeit herausschnäuzen kannst, indem du dir jeweils ein Nasenloch zuhältst. Als Frau habe ich damit jedoch so meine Probleme. Beim Training für den Ironman war es äußerst ungünstig, ständig auf dem Rad das Taschentuch umständlich herauskramen und die Nase putzen zu müssen. So versuchte ich aus Zeitoptimierungsgründen immer wieder, während der Fahrt frei heraus zu schnäuzen, sobald niemand hinter mir fuhr. Doch es gelang mir einfach nicht, weit genug zu schnäuzen. Das Ende vom Lied: Wenn ich nach dem Training zuhause ankam, waren die Ärmel meines Trikots über und über mit getrocknetem Rotz bedeckt. Das war ganz und gar nicht appetitlich, also griff ich wieder auf mein altbewährtes Papiertaschentuch zurück – und pfiff auf eventuell verlorene Wettkampfsekunden.

„Herr Lehrer, ich hab' meine Tage!" Damit konnte man sich früher stets wunderbar vor dem Schulsport „drücken", denn eine Gegenfrage war eh nie zu erwarten. Was ich damals jedoch nicht ahnte: Sport ist das beste Mittel GEGEN Menstruationsbeschwerden. Laufe ich regelmäßig, habe ich keine Probleme mit Unterleibskrämpfen oder Kopfweh, nach Laufpausen kamen die Regelschmerzen jedoch mit doppelter Wucht zurück. Ähnlich verhält es sich mit Wecheljahresbeschwerden: Viele Frauen berichten mir davon, dass sie den Symptomen einfach „davonlaufen" können. Ein schöner Effekt, wie ich finde. Kurzum: Für alle Notfälle, habe ich auch immer einen Tampon im Laufrucksack.

Die Spannung steigt: Dein Laufbeginn naht

Wähle dir für deinen Laufbeginn einen Tag aus, an dem du keinen Zeitdruck hast. Du hast gut getrunken und vielleicht eine Kleinigkeit gegessen – so dass du dich nicht hungrig, aber auch nicht überfuttert fühlst. Optimal wäre es, wenn du einen Tag wählst, an dem auch das Wetter auf deiner Seite ist. Kleide dich den Temperaturen entsprechend, und trage zudem eine einfache Uhr (oder Sportuhr), an der du die Minuten ablesen kannst. Bitte halte kein Smartphone oder Schlüssel in deiner Hand, denn das behindert dich möglicherweise. Verstaue so etwas besser in der Tasche deiner Laufhose oder einem Runningbelt.

Beginne nun dein Lauftraining (Dauer ca. 30-40 Minuten)

- Warm-up: Gehe dich für mindestens 5 bis 10 Minuten ein (strammes Walken).
- Laufen & Gehen im Wechsel – wie in der nachfolgenden Trainingsplanung beschrieben; z.B. 10x je 1 Minute locker laufen (wähle das Tempo so, dass du dabei reden könntest), 1 Minute stramm gehen.
- Cool-down: Gehe dich für 5 bis 10 Minuten locker aus.
- Absolviere direkt im Anschluss ein leichtes Dehnprogramm.

Wenn du nach Hause kommst, stille zunächst deinen Flüssigkeitsbedarf mit Wasser (auch dünne Fruchtschorlen oder mal ein alkoholfreies Bier), dusche ausgiebig, und genieße anschließend das wohlige Gefühl, etwas getan zu haben! Iss bitte auch immer etwas nach dem Laufen! Insbesondere dann, wenn Läufer abnehmen möchten, kommen sie auf die Idee, nach dem Sport nichts mehr zu sich zu nehmen und ohne Abendessen ins Bett zu gehen. Bitte tu das nicht. Dein Körper benötigt Nahrung, um den (Glykogen-)Speicher aufzufüllen, zu regenerieren, Muskelmasse aufzubauen und Reparaturvorgänge einzuleiten. Dafür benötigt er hochwertige Kohlenhydrate und Eiweiße. Erhält er diese nicht, muss er eine andere Quelle anzapfen, um an die nötigen Nährstoffe zu kommen. Und das sind in der Regel deine Muskeln. Wenn du trotz des Sports auf einmal immer schwächer wirst, weißt du, dass dein Körper sich langsam selbst „auffuttert". Es gibt eine 30-Minuten-Regel, wonach die Kohlenhydrataufnahme in der ersten halben Stunde nach dem Laufen besonders effektiv ist. Wenn du jedoch partout nach

Step 1: Aller (Lauf-)Anfang ist steinig und schwer... – muss er aber nicht!

dem Laufen nichts herunter kriegst, dann kannst du beispielsweise auf einen Shake mit frischen Beeren und ein paar Löffeln Whey-Proteinpulver zurückgreifen.

Absolviere dein Laufprogramm 2 bis 3 Mal pro Woche. Ich kann es nur immer wieder betonen: Höre auf deinen Körper! Er zeigt dir genau, wann er leistungsfähig ist und wann er etwas mehr Regeneration (=Erholung, Ruhe) benötigt.

Nach 10 Stunden auf den Beinen ist ein Bier ein wahrer Genuss – besser wäre natürlich die alkoholfreie Variante gewesen... (hier: im Ziel der 3. Etappe des Transalpine Runs 2013).

Ärztlicher Check-up

Wenn du noch nie oder lange keinen Sport getrieben hast, ist es sinnvoll, dass du dir mittels eines medizinischen Checks dafür das „Go" von deinem Arzt geben lässt. Allen gesetzlich Versicherten wird derzeit der sogenannte Gesundheitscheck ab 35 Jahren im Turnus von 3 Jahren empfohlen. Bei diesem Check wird neben einer körperlichen Untersuchung von Blutdruck, Zucker, Cholesterin und Urinstatus auch das familiäre Risiko bezüglich Herz-Gefäßerkrankungen (Diabetes, Herzinfarkt, Schlaganfall, Bluthochdruck) erfragt. Einmalig ist ein solcher Check auch vor dem 35. Lebensjahr möglich.

Der Blick auf die Pulsuhr kann wertvolle Hinweise liefern (erhöhter Ruhepuls, max. Herzfrequenz, mangelnder Leistungsanstieg etc.). Wer hier Auffälligkeiten sieht, ein erhöhtes familiäres Risiko trägt, gelegentliche Palpitationen (Herzstolpern) verspürt oder einfach ein gesteigertes Sicherheitsbedürfnis hat, sollte sein Geld sinnvoll in eine kardiologische Diagnostik investieren. Hier steht das Ruhe-EKG an erster Stelle und wird evtl. durch ein Belastungs-EKG oder eine Herzultraschalluntersuchung (Echokardiografie) ergänzt. Das Belastungs-EKG wird älteren ambitionierten Sportlern (Männern ab 45 und Frauen ab 55 Jahren) sowie Personen mit erhöhtem kardiovaskulären Risiko empfohlen. EKG-Veränderungen oder Herzrhythmusstörungen unter Belastung können ein Hinweis auf eine koronare Herzkrankheit sein. Die Echokardiografie gibt Aufschluss über die Funktion der Herzklappen, die Beweglichkeit des Herzmuskels und die Pumpleistung. Durch sie lassen sich Herzmuskelerkrankungen wie die hypertrophe (obstruktive) Kardiomyopathie erkennen. Gerade die Kardiomyopathie ist neben der Herzmuskelentzündung (Myokarditis) – beispielsweise nach einem nicht ausgeheilten grippalen Infekt – ursächlich für den plötzlichen Herztod bei jungen Läufern. Bei einer Erkrankungswahrscheinlichkeit von 0,2 Prozent wird aber nicht jeder Sportler daraufhin untersucht werden. Wenn es in der Familie jedoch ein bekanntes Risiko gibt oder jemand an Herzrhythmusstörungen leidet, sollte dieser Punkt auf jeden Fall abgeklärt werden.

Step 1: Aller (Lauf-) Anfang ist steinig und schwer... – muss er aber nicht!

Bitte beachte: Bei allen Vorsorgeuntersuchungen gilt es, dass in erster Linie der momentane Status erfasst wird und nur eingeschränkt Aussagen für die Zukunft getroffen werden können.

Trainingsplan für Anfänger, sportlich Aktive und Wiedereinsteiger

In diesem Kapitel erhältst du Beispiele dafür, wie du deinen Trainingsaufbau sinnvoll gestalten kannst. Wenn du seit Jahren überhaupt keinen Sport getrieben hast, dann wähle die Umfänge aus dem „Anfänger"-Plan. Betreibst du regelmäßig anderen Sport, wie Radfahren oder Krafttraining, orientiere dich am Plan „Sportlich, aber noch nie gelaufen". Wenn du aber bereits vor längerer Zeit regelmäßig gelaufen bist und jetzt wieder einsteigen möchtest, dann wähle den Plan für „Wiedereinsteiger".

Entscheide selbst, welcher der nachfolgenden Trainingspläne am ehesten zu dir passt. Wenn du dir unsicher bist, dann absolviere zunächst den Einsteigerplan in der linken Spalte. Du wirst sehr schnell merken, ob er dir genügt oder dich total unterfordert. Trifft Zweiteres auf dich zu, dann wechsle von der kommenden Woche an zum Trainingsplan der mittleren Spalte und beginne dort mit der ersten Woche. Fühlst du dich in einer Woche müde, oder bist du leicht erkältet, dann gönne dir eine Laufpause. Gehe, wenn möglich, lediglich spazieren oder fahre Rad, so dass du danach wieder in den Plan einsteigen kannst. Wiederhole dann erneut die Woche vor deiner Laufpause.

➡ Bitte bei allen Plänen jeweils für 5-10 Minuten ein- und ausgehen.
➡ Bitte nach dem Training jeweils kurz dehnen.

Wichtig!
Wenn du stark übergewichtig bist und dich in den letzten Jahren wenig bewegt hast, solltest du deine Gelenke erstmal behutsam an die neue Belastung gewöhnen. Hierbei ist es sinnvoll, in den ersten 4 bis 8 Wochen mit Walking-Einheiten zu beginnen, bevor du ins Lauftraining einsteigst. Absolviere 2 bis 4 Mal wöchentlich eine mindestens 30-minütige Walkingrunde, und beginne dann mit dem Anfänger-Plan.

Anfänger	Sportlich, aber noch nie gelaufen	Wiedereinsteiger
Woche 1 **2-3x:** 10x 1 Minute laufen, 1 Minute gehen im Wechsel	**Woche 1** **2-3x:** 8-10x 3 Minuten laufen, 1 Minute gehen im Wechsel	**Woche 1** **2-3x:** 8x 5 Minuten laufen, 1 Minute gehen im Wechsel
Woche 2 **2x:** 6x 2 Minuten laufen, 2 Minuten gehen im Wechsel **1x:** 10x 1 Minute laufen, 1 Minute gehen im Wechsel	**Woche 2** **2x:** 6x 6 Minuten laufen, 2 Minuten gehen im Wechsel **1x:** 8-10x 3 Minuten laufen, 1 Minute gehen im Wechsel	**Woche 2** **2x:** 4-5x 10 Minuten laufen, 2 Minuten gehen im Wechsel **1x:** 8x 5 Minuten laufen, 1 Minute gehen im Wechsel
Woche 3 **2x:** 6x 3 Minuten laufen, 3 Minuten gehen im Wechsel **1x:** 6x 2 Minuten laufen, 2 Minuten gehen im Wechsel	**Woche 3** **2x:** 6x 8 Minuten laufen, 2 Minuten gehen im Wechsel **1x:** 6x 6 Minuten laufen, 2 Minuten gehen im Wechsel	**Woche 3** **2x:** 3-4x 15 Minuten laufen, 2 Minuten gehen im Wechsel **1x:** 4-5x 10 Minuten laufen, 2 Minuten gehen im Wechsel
Woche 4 **2x:** 5x 5 Minuten laufen, 2 Minuten gehen im Wechsel **1x:** 6x 3 Minuten laufen, 3 Minuten gehen im Wechsel	**Woche 4** **2x:** 4x 12 Minuten laufen, 2 Minuten gehen im Wechsel **1x:** 6x 8 Minuten laufen, 2 Minuten gehen im Wechsel	**Woche 4** **2x:** 2x 25 Minuten laufen, 2 Minuten gehen **1x:** 3-4x 15 Minuten laufen, 2 Minuten gehen im Wechsel

➡ **Ziehe nach Woche 4 ein Fazit!**

Wie geht es dir mit dem Lauftraining? Fühlst du dich wohl? Was hat sich körperlich oder mental verändert? Fühlst du dich gut damit, dann kannst du die Umfänge in den folgenden Wochen erhöhen. Fühlst du dich überfordert und fallen dir die Laufeinheiten nach wie vor sehr schwer, dann lege eine komplette Ruhewoche ein und beginne erneut mit Woche 1 deines Planes.

Wer professionell trainiert, strukturiert sein Training so, dass er regelmäßig eine Ruhewoche einplant. Also eine Woche, in der der Trainingsumfang deutlich reduziert, aber etwas mehr Erholung in den Alltag eingeplant wird (mit gesundem Essen, mehr Schlaf, ggf. Sauna, Massage etc.) und in der der Körper die Zeit erhält, die Trainingsreize der letzten Wochen zu verarbeiten (= Superkompensation). Zu Beginn genügt es, wenn du alle 4 Wochen eine Ruhewoche zur Regeneration einlegst. Sobald du jedoch den Trainingsumfang erhöhst und/oder

Step 1: Aller (Lauf-)Anfang ist steinig und schwer... – muss er aber nicht!

schnellere Einheiten einplanst, solltest du nach dem 3:1-Prinzip verfahren. Also 3 Wochen Training, 1 Woche Regeneration.

Wichtig!
Passe die Intervalle immer deiner körperlichen Verfassung an. Ziehe diese nicht stur durch, wenn du kraftlos bist – und laufe gerne auch eine Minute mehr, wenn du dich fit fühlst.

Anfänger	Sportlich, aber noch nie gelaufen	Wiedereinsteiger
Woche 5 Gönne dir in dieser Woche eine Ruhewoche. Gehe lediglich locker laufen – nach dem Plan von Woche 1 – und du wirst merken, wie leicht dir das plötzlich fällt.		
Woche 6 **2x:** 4x 8 Minuten laufen, 4 Minuten gehen im Wechsel **1x:** 5x 5 Minuten laufen, 2 Minuten gehen im Wechsel	**Woche 6** **2x:** 2x 20 Minuten laufen, 2 Minuten gehen im Wechsel **1x:** 3-4x 12 Minuten laufen, 2 Minuten gehen im Wechsel	**Woche 6** **2x:** 2x 30 Minuten laufen, 2 Minuten gehen **1x:** 2x 25 Minuten laufen, 2 Minuten gehen
Woche 7 **2x:** 4x 10 Minuten laufen, 4 Minuten gehen im Wechsel **1x:** 4x 8 Minuten laufen, 4 Minuten gehen im Wechsel	**Woche 7** **2x:** 2x 25 Minuten laufen, 2 Minuten gehen **1x:** 2x 20 Minuten laufen, 2 Minuten gehen	**Woche 7** **2x:** 45 Minuten laufen **1x:** 2x 30 Minuten laufen, 1 Minute gehen
Woche 8 **2x:** 4x 12 Minuten laufen, 2 Minuten gehen im Wechsel **1x:** 4x 10 Minuten laufen, 4 Minuten gehen im Wechsel	**Woche 8** **2x:** 2x 30 Minuten laufen, 1 Minute gehen **1-2x:** 2x 25 Minuten laufen, 2 Minuten gehen	**Woche 8** **2x:** 60 Minuten laufen **1-2x:** 45 Minuten laufen
Woche 9 **2x:** 3x 16 Minuten laufen, 2 Minuten gehen im Wechsel **1x:** 4x 12 Minuten laufen, 2 Minuten gehen im Wechsel	**Woche 9** **2x:** 45 Minuten laufen **1-2x:** 2x 30 Minuten laufen, 1 Minute gehen	**Woche 9** **3-4x:** 45-60 Minuten laufen
Woche 10 - Ruhewoche Gehe lediglich locker laufen – nach dem Programm aus Woche 6.		

Laufen lieben lernen

Behalte stets die Kontrolle!

Ein Trainingsplan ist nie in Stein gemeißelt. Behalte immer im Auge, wie dein Körper auf das Training reagiert. Gehe nur laufen, wenn du absolut fit bist und nicht, weil der Trainingsplan es dir vorgibt. Merkst du bereits beim Eingehen, dass heute nicht dein Tag ist, dein Kreislauf nicht mitspielt oder dass etwas schmerzt, dann kehre direkt wieder um, und probiere es am nächsten Tag erneut. Spürst du in einer Woche eine unbändige Energie in dir, dann nutze dies, und gehe 4 oder 5 Mal laufen.

Ab Woche 11

Du erkennst sicherlich die Struktur des Trainings: Es geht nun darum, die Laufintervalle immer weiter zu erhöhen und die Gehpausen zu verkürzen.

Führe nun deinen Plan selbstständig weiter:

Einsteiger	Sportlich, aber noch nie gelaufen	Wiedereinsteiger

Step 1: Aller (Lauf-)Anfang ist steinig und schwer... – muss er aber nicht!

Einsteiger	Sportlich, aber noch nie gelaufen	Wiedereinsteiger
	Ruhewoche	

Laufen lieben lernen

Einsteiger	Sportlich, aber noch nie gelaufen	Wiedereinsteiger
Ruhewoche		
Ruhewoche		

Step 1: Aller (Lauf-)Anfang ist steinig und schwer... – muss er aber nicht!

Dehnen ist der erste Schritt zur Regeneration

Das Dehnen am Ende einer Laufeinheit ist der erste Schritt zur Regeneration – es hält deine Muskulatur elastisch und schützt dich vor Verletzungen. Die nachfolgenden Übungen solltest du jeweils für mindestens 20 Sekunden halten (s. auch S. 46). Die Reihenfolge der Übungen ist dabei egal:

- Waden / Zwillingswadenmuskel
- Schollenmuskel / Achillessehne
- Vorderseite Oberschenkel
- Rückseite Oberschenkel
- Innenseite Oberschenkel
- Außenseite Oberschenkel
- Hüftbeuger
- Po (Bein im Stehen anziehen)
- Hüfte aufdehnen (tiefer Squat)

Weitere Details:
www.laufen-lieben-lernen.de

Faszienrolle: Schmerzhaft, aber effektiv

Faszien sind seit einigen Jahren in aller Munde. Zwar waren sie natürlich schon immer vorhanden, aber ihre Wichtigkeit wurde erst kürzlich „entdeckt". Faszien durchziehen den kompletten Körper und umhüllen nicht nur unsere Muskeln, sondern auch Knochen, Organe und Nerven. Wenn du beim Kochen Hähnchenfleisch zubereitest, dann sind die weißen Häute daran die Faszien.

Sportliche Bewegung oder auch Fehlbelastungen im Alltag, können dazu führen, dass die Faszien verkleben und verhärten. Das führt im schlimmsten Fall zu Schmerzen und langwierigen Verletzungen. Durch eine regelmäßige Massage lassen sich diese Verhärtungen und Verklebungen vorbeugen oder – falls bereits vorhanden – wieder lösen. Durch den Druck wird der Stoffwechsel im Bindegewebe angeregt, und die Faszien werden wieder elastischer.

Die Faszienrolle (auch Blackroll oder Foam Roller genannt – zur Not geht auch ein Nudelholz oder eine gefüllte große PET-Wasserflasche) soll Muskeln mobilisieren und schneller regenerieren lassen. Und tatsächlich: Rollst du nach einer Einheit, fühlen sich deine Beine am nächsten Tag etwas frischer an als ohne Massage.

Wie oft habe ich es schon gesehen: Die Sportler legen sich auf die Faszienrolle und rollen die Beine hektisch darüber hinweg – und fertig ist ihre Faszien-Massage. Doch Halt! Wichtig ist es, gaaaanz langsam zu rollen. Am besten im Zeitlupentempo. Nur dann ist diese Behandlung wirkungsvoll, und du kannst tief in die Verhärtungen reingehen. „Aber das tut weh!", höre ich immer wieder als Ausrede. Ja – aber je größer der Schmerz ist, desto verklebter sind deine Faszien und desto nötiger die Behandlung.

Was die Richtung des Rollens angeht, streiten sich die Geister. Manche sagen, es ist egal, manche bevorzugen eine bestimmte Richtung. Mir erscheint die Theorie am sinnvollsten, Waden und Oberschenkel (Rückseite, Vorderseite, Außen- und Innenseite) immer in Richtung des Herzens zu rollen. Denn nur so wird die Flüssigkeit der Zwischenzellen, sogenannte Stoffwechselabfälle, schnell wieder abgebaut. Findest du einen Punkt in der Muskulatur, der besonders schmerzhaft ist, dann kannst du darauf verharren, den Druck verstärken und gegebenenfalls wenige Millimeter in dem Bereich hin- und her rollen. Faszienbälle wirken bei punktuellen Verhärtungen wahre Wunder.

Step 1: Aller (Lauf-)Anfang ist steinig und schwer... – muss er aber nicht!

Auch die Fußsohlen sollten regelmäßig gerollt werden. Dazu nimmst du beispielsweise eine Mini-Faszienrolle, einen Tennis- oder Igelball. Rolle auch hier ganz langsam. Ein Tennisball kann zudem sehr gut für Verspannungen im Rücken- oder Schulterbereich genutzt werden, indem du dich damit gegen eine Wand lehnst.

Gut wäre es, wenn du regelmäßig und mindestens 2x pro Woche die Faszien-Massage durchführst. Die Beine sind schneller regeneriert, die Muskeln leistungsfähiger, und im Falle einer bestehenden Verletzung kann dadurch sogar der Heilungsprozess beschleunigt werden.

Bitte rolle jeden Muskel mehrmals und versuche dabei, jeweils die Position leicht zu variieren. Außerdem – und das scheint jetzt erstmal ein Widerspruch in sich zu sein – bleibe beim Rollen entspannt! Je entspannter der Muskel, desto effektiver ist das Rollen.

v.l.n.r. Wade, Oberschenkel: Rückseite, Vorderseite, Innenseite, Außenseite und Rücken.

Laufgruppe – pro und contra

Eine Laufgruppe ist eine tolle Sache: Es gibt einen festen Termin, an dem du laufen „musst". Das ist insbesondere für Menschen mit Motivationsproblemen extrem hilfreich. Auch der Sicherheitsfaktor spielt hierbei eine große Rolle: Du läufst nicht alleine durch den Wald oder abends bei Dunkelheit, sondern im Schutz der Gemeinschaft. Stürzt du, kann dir direkt geholfen werden. In der Laufgruppe läufst du mit Gleichgesinnten, hast gemeinsame Themen und kannst dich über das Laufen oder andere Dinge des Lebens austauschen. Durch das Reden spürst du oft auch gar nicht, wie schnell die Zeit oder die Kilometer vergehen. Und es werden gegebenenfalls ein Laufprogramm oder Trainingsinhalte geboten, die du alleine nicht absolvieren würdest.

Eine Laufgruppe ist also das perfekte Lauf- und Motivationsinstrument – vorausgesetzt, du findest eine Gruppe, die deinem Laufniveau optimal entspricht. Ist die Gruppe zu schnell unterwegs, wirst du immer hinterherhetzen und stets weit außerhalb deines Wohlfühlbereiches laufen. Das ist anstrengend und auf Dauer demotivierend. Ist die Gruppe zu langsam, wirst du dich langweilen, machst keine Fortschritte und bist dann auch irgendwann demotiviert. Am besten wäre also eine Laufgruppe, die gemeinsam wächst. Oder aber eine, bei der das Lauftraining durch den Trainer so angelegt ist, dass Läufer unterschiedlichen Leistungsniveaus gemeinsam laufen und Spaß haben können.

Strategien gegen Spaßverderber

Juhu! Der Anfang ist geschafft. Du hast den ersten Schritt gemacht und gehandelt. Herzlichen Glückwunsch – das ist mehr, als die meisten Menschen schaffen. Sei stolz auf dich, und genieße den Erfolg!

Du bist aber dennoch verunsichert, weil das Laufen auch nach ein paar Wochen noch nicht ganz so locker geht, wie du es gerne möchtest? Im Nachfolgenden werde ich einige Punkte aufführen, durch die

Step 1: Aller (Lauf-)Anfang ist steinig und schwer... – muss er aber nicht!

die Lust am Laufen möglicherweise ins Stocken gerät und aufzeigen, was du dagegen tun kannst.

1. Roter Kopf

Immer, wenn du läufst, entwickelst du einen hochroten Kopf, was dir unangenehm ist? Versuche, konstant in deinem Wohlfühlbereich zu laufen. Wähle ein Tempo, bei dem du entspannt atmen kannst. Ein hochroter Kopf deutet auf eine Überanstrengung hin. Bist du außer Atem? Hechelst du beim Laufen? Dann bist du viel zu schnell unterwegs. Es ist absolut wichtig, dass du langsam läufst – und lass dich dabei von außen nicht verunsichern. Streiche alle Zeitvorgaben aus deinem Kopf! Du musst nicht irgendeinen „Schnitt" laufen, weil andere das eventuell tun, sondern finde dein eigenes Tempo, in dem du dich wohlfühlst.

Prüfe auch, ob die Überanstrengung etwas mit der Außentemperatur zu tun hat. Tritt diese auch bei kühleren Temperaturen auf? Überlege zusätzlich, ob du genügend getrunken hast oder dein Körper überhitzt ist. Auch wenn du unter Bluthochdruck leidest, kann sich das dadurch bemerkbar machen. Lass das unbedingt medizinisch abklären – und dir vom Arzt grünes Licht fürs Laufen geben.

Auch eine geringe Ausdauerfähigkeit kann zu diesem Symptom führen. Regelmäßiges Laufen sorgt für eine bessere Ausdauer. Um diese zusätzlich auszubauen, kannst du ergänzend auf alternative Sportarten zurückgreifen, beispielsweise Radfahren, Schwimmen, Speed Hiking (schnelles Wandern) oder Inliner fahren.

2. Seitenstechen

Du verspürst beim Laufen regelmäßig Schmerzen an der Seite unterhalb der Rippen – oder in der Bauchgegend? Dann handelt es sich dabei höchstwahrscheinlich um Seitenstechen. Für dieses Phänomen gibt es mehrere Gründe: Diskutiert werden u.a. falsche oder übermäßige Nahrungs- und Flüssigkeitsaufnahme, Übergewicht, fehlerhafte Atmung, Sauerstoffmangel durch intensives Training, fehlendes Warm-up, Verstopfung, Blähungen, schwache Bauchmuskulatur, Dehnungsschmerz von Leber oder Milz, mangelnde Durchblutung des Zwerchfells oder eine Fehlhaltung der Wirbelsäule. Versuche für dich herauszufinden, wo deine individuelle Ursache liegen könnte. Beobachte genau, wann es auftritt und in welchem Zusammenhang es mit den genannten Punkten stehen könnte. Wenn die Seitenstiche regelmäßig auftreten, teste auf jeden Fall Folgendes: Laufe langsamer (ein zu schnelles Tempo ist die häufigste Ursache), stärke deine Rumpfmuskulatur, iss vor einem Lauftraining 2 bis 3 Stunden nichts, oder nimm weniger bzw. leichtere Kost zu dir, versuche herauszufinden, ob du unter Nahrungsmittelunverträglichkeiten leidest, und verzichte auf Getränke mit Kohlensäure.

Erste Hilfe in der akuten Situation: reduziere als erstes dein Tempo, und wechsle in den Geh-Modus. Manchen hilft es, die Arme nach oben zu strecken oder aber auch, den Oberkörper nach vorne zu beugen und jeweils tief zu atmen. Bei mir wirkt es am besten, wenn ich mit den Fingern in den schmerzenden Bereich drücke und tief in die Stelle ein- und ausatme.

3. Müdigkeit

Du bist beim Laufen immer irgendwie müde? Dann hast du vielleicht den richtigen Biorhythmus dafür noch nicht gefunden. Bist du eine Lerche oder eine Eule? Bist du morgens, mittags oder am Abend leistungsfähiger? Laufe zu den verschiedenen Uhrzeiten, und richte deine Aufmerksamkeit nach innen. Wann macht dir das Laufen am meisten Spaß? Ich genieße es zum Beispiel, morgens zu laufen, wenn die Luft noch frisch und die Natur am Erwachen ist. Aber ich bin kein Frühaufsteher, und richtige Leistung kann ich da auch noch nicht erbringen. Als weiteren Genuss erlebe ich auch das Laufen im Dunkeln. Gerade im Winter, wenn ich in der Stadt durch die Straßen laufe und in den Fenstern bereits die Weihnachtsbeleuchtungen brennen. Das hat etwas Spirituelles und ist für mich besonders

> **ICH MOTIVIERE MICH ZUM LAUFEN**
> „… *damit ich im* **Mannschafts-Ranking** *der Running-App immer* **ganz oben** *stehe – und mir gleichzeitig abends ein* **Glas Wein** *mehr gönnen kann.*"
> *Theresa Klein*

für lockere Läufe geeignet. Im Gegensatz dazu funktioniert am Nachmittag oder frühen Abend das intensivere Training bei mir am besten. Dann ist mein Kopf klar und mein Körper am leistungsfähigsten.

Bitte beachte aber: Wenn du zu spät läufst, kann es sein, dass dein Körper abends im Bett nur schwer zur Ruhe kommt, du aufgewühlt bist und dadurch nicht gut ein- oder durchschlafen kannst. Ich erlebe das immer nach intensiven Wettkämpfen oder Ultraläufen. Der Kopf arbeitet und lässt den Körper nicht entspannen. Kaum eingeschlafen, stolpere ich im Traum und wache auf, weil mein Körper den Sturz abfedern will und dadurch in der Realität zusammenzuckt. Manchmal passiert mir das mehrere Male hintereinander. Da helfen nur Entspannungsübungen oder auch mal ein Glas Wein zum Abendessen.

4. Schmerzen

Du möchtest gerne laufen, doch bereits beim Loslaufen verspürst du einen leichten Stich im Knie, der Hüfte, im Schienbein oder an der Achillessehne? Bitte versuche nie, über den Schmerz hinwegzulaufen oder diesen mit Schmerzmitteln zu unterdrücken. Schmerzen sind immer wichtige Warnsignale des Körpers – diese sollten nicht ignoriert werden. Wie oft bin ich mit dem Gedanken losgelaufen: „Naja, das gibt sich schon gleich wieder." Und tatsächlich, manche Schmerzen nehmen mit zunehmender Laufzeit wieder ab, wenn die Muskulatur warm ist und gut durchblutet. Aber glaub mir, in den meisten Fällen kommt der Schmerz im Anschluss oder am kommenden Tag doppelt und dreifach zurück. Ich habe in den letzten 20 Jahren schon viele typische Läuferleiden durchlebt: Schienbeinkanten-Syndrom, Hüftschmerzen, Plantarfasziitis, Achillessehnenentzündung und Patellaspitzensyndrom. Die meisten entstanden in der Zeit, bevor ich mich mit den physiologischen Abläufen während des Laufens beschäftigt und verstanden habe, dass ein Großteil der Verletzungen aufgrund eines zu schnellen und umfangreichen Trainingsaufbaus, unpassender Laufschuhe, schlechten Laufstils, muskulärer Dysbalancen, einer verkürzten Muskulatur oder verklebten Faszien auftraten.

5. Wetter und Jahreszeit

Meine Devise lautet: Wenn du den Laufeinstieg im Winter schaffst – dann, wenn es draußen dunkel und kalt ist – hast du auch im Frühjahr oder Sommer keine Probleme, regelmäßig dein Lauftraining durchzuziehen. Denn was kann dir da schon passieren? Mental bist du jetzt so richtig abgehärtet. Das größte Argument „es ist zu kalt und zu dunkel zum Laufen" hast du bereits erfolgreich widerlegt. Daher finde ich es immer eine gute Idee, den Start in den Januar zu verlegen und neue Vorsätze in Angriff zu nehmen.

Ein anderer Spruch in diesem Zusammenhang lautet: „Es gibt kein schlechtes Wetter, nur schlechte Kleidung". Will heißen, selbst, wenn es draußen schüttet, gibt es immer zuverlässige Regenkleidung, die dich vor der Nässe schützt. Was ist eigentlich so schlimm daran, nass zu werden? Solange du nicht frierst und auskühlst, ist es ein tolles Erlebnis, total durchnässt durch den Regen zu laufen. Das weckt mit Sicherheit Kindheitserinnerungen in dir - an eine Zeit, in der es dir egal war, ob es regnete oder schneite. Die Hauptsache war damals doch, dass du draußen spielen konntest.

6. Schweinehund

Natürlich gibt es immer wieder Zeiten, in denen er sich bemerkbar macht: der innere Schweinehund. Überlege dir Strategien, wie du ihn überlisten kannst. Überlege dir Belohnungen, die du dir nach dem Lauf gönnen wirst, z.B. eine Pizza, ein Glas Wein, ein Stück Schokolade, ein heißes Bad etc. Denke daran, wie viel besser es sich anfühlt und wie viel mehr du die Belohnung genießen kannst, wenn du dich vorher ausgepowert hast. Und vor allem, denke an deine Langfristziele, die du dir gesetzt hast und die du unter allen Umständen erreichen möchtest.

7. Eintönigkeit

Gegen Langeweile ist ein (!) Kraut gewachsen. Wenn du immer die gleiche Strecke, im immer gleichen Tempo läufst, dann ist das in der Tat ziemlich eintönig. Versuche, Abwechslung in dein Laufen zu bringen. Laufe deine Hausstrecke einfach mal in anderer Richtung, erkunde neue Strecken in deiner Umgebung, laufe auch mal querfeldein, fahre mit der Bahn zu einem gewissen Punkt, und laufe von dort wieder zurück nach Hause. Hilft alles nichts? Dann probiere auch mal, mit Musik zu laufen. Aber wirklich nur auf Strecken, auf denen du sicher und ohne (!) Straßenverkehr unterwegs bist. Doch Vorsicht: Lass dich vom Takt der

Step 1: Aller (Lauf-)Anfang ist steinig und schwer... – muss er aber nicht!

Beim Ultra Trail du Mont-Blanc 2012 liefen wir über 100 Kilometer in teils strömendem Regen und einsetzendem Schnee.

Laufen lieben lernen

Musik nicht zu sehr mitreißen, und versuche, in deiner Geschwindigkeit zu bleiben!

8. Blasenbildung / Reibestellen

> **ICH MOTIVIERE MICH ZUM LAUFEN**
> *„... weil mir das Laufen in der Natur* **Zufriedenheit** *und* **Kraft** *gibt. Es hat mir geholfen, die schwerste Zeit meines Lebens zu meistern und wieder zurück* **zu mir selbst** *zu finden."*
> *Rebekka Pfeiffer*

Wenn du beim Laufen zur Blasenbildung neigst, so ist das eine lästige und teilweise sehr schmerzhafte Begleiterscheinung. Es gibt verschiedene Methoden, die du anwenden kannst, um dieses Übel in den Griff zu kriegen. Analysiere zunächst die Ursache. Bilden sich die Blasen im Zehenbereich, so könnten möglicherweise deine Laufschuhe zu klein oder zu eng sein. Ist der Fußballen betroffen, müssen Einlegesohlen oder der Schuh selbst überprüft werden. Wie alt ist dein Laufschuh? Wird es ggf. Zeit für ein neues Modell? Bitte bedenke, dass Schuhe mit der Zeit auch aushärten können, selbst, wenn sie nur im Schrank stehen. Bilden sich die Blasen eher an der Ferse, könnte es sein, dass der Fuß keinen richtigen Halt im Schuh findet. Untersuche die Bindung deines Schuhs. Vielleicht ist eine Marathonschnürung sinnvoll, die dir mehr Halt gibt, damit du hinten nicht herausrutschst. Ich laufe auch gerne mit einer Triathlon-Schnürung (sogenannten Lock Laces), die flexibel ist und einmal zugezogen immer die richtige Festigkeit besitzt.

Marathonschnürung: Nutze das oberste Loch, lass eine Schleife stehen & ziehe die Schnürsenkel gekreuzt durch.

Step 1: Aller (Lauf-)Anfang ist steinig und schwer… – muss er aber nicht!

Zudem gibt es doppellagige Socken, die eine Blasenbildung verhindern können (z.B. *Wrightsock*). Ich kenne auch viele Ultraläufer, die ihre Füße vor dem Laufen beispielsweise mit Hirschtalg oder Vaseline einschmieren, um sie so vor Blasen zu schützen. Ich mag dieses glitschige Gefühl an den Füßen allerdings nicht, denn ich kam mir damit stets vor, als würde ich unkontrolliert im Schuh herumrutschen. Daher hat sich für mich auch das genaue Gegenteil bewährt: Ich creme meine Fußsohlen grundsätzlich nicht mehr ein und entferne auch keine Hornhaut. Das mag aus kosmetischer Sicht nicht ganz so schön sein, war bei mir aber erfolgreich. Dadurch haben sich meine Füße so abgehärtet, dass ich auch Ultrastrecken ohne Blasen bewältigen kann. Im Gegensatz zu meinem Freund, der immer und überall seine Hornhaut entfernen muss, um sich vor Blasenbildung zu schützen.

Reibestellen beim Laufen sind sowieso ein leidiges Thema. Bei längeren Läufen habe ich beispielsweise Reibestellen unter dem BH, die ich damit in den Griff kriege, dass ich mir vorher die Problemstellen mit Vaseline einreibe. Ganz übel können auch Scheuerstellen zwischen den Beinen oder im Intimbereich sein. Auch hier ist Vaseline oder der Einsatz eines speziellen Silikonstiftes zu empfehlen.

Bei Männern sind es oftmals die Brustwarzen, die von der Reibung betroffen sind. Wie oft habe ich beim Marathon schon Läufer gesehen, bei denen das Blut in 2 Rinnsalen am Shirt herunterlief. Sind sie auch deine Problemzone, dann wähle ein Laufshirt aus einem weichen Material. Baumwollshirts oder grobe Funktionsshirts – möglicherweise noch mit fettem Aufdruck – können, sobald sie schweißgetränkt sind, die Reibung verstärken. Teste in diesem Zusammenhang auch mal ein engeres schnelltrocknendes Funktionsshirt (oder enges Unterhemd, z.B. von *Odlo*). Falls gar nichts hilft, arbeite auch hier mit Melkfett oder nutze Tapes oder spezielle Brustwarzenpflaster, um die empfindlichen Stellen ausreichend zu schützen.

Eine Bindung mit Lock Laces hat immer die richtige Festigkeit.

Sicherheit beim Laufen – Hunde und andere Angreifer

Mit Freude kannst du nur laufen, wenn du dich auf deiner Laufstrecke auch wirklich sicher fühlst. Wähle deine Strecken so, dass du nie absolut einsam unterwegs bist. Ist das doch der Fall, dann schärfe all deine Sinne. Laufe dort unter keinen Umständen mit Musik. Ebenso würde ich als Frau auf das Tragen von Hotpants oder bauchfreien Oberteilen verzichten, da diese von manchen Männern unter Umständen leider falsch gedeutet werden können. Stelle sicher, dass du jederzeit registrierst, was um dich herum geschieht. Laufe nie in eine ungute Situation hinein. Kommt dir auf deinem Weg jemand entgegen, und du hast plötzlich ein ungutes Gefühl, dann höre darauf. Versuche nie, dein Bauchgefühl zu ignorieren oder es als nichtig abzutun. Schlage in diesem Fall schnellstmöglich (jedoch ohne Hektik) einen anderen Weg ein, oder laufe zurück. Versuche auf jeden Fall, eine Begegnung mit dieser Person zu deiner eigenen Sicherheit zu vermeiden. Ist ein Aufeinandertreffen unvermeidlich, mach dich zum Sprung bereit. Als Läufer ist das Laufen deine allerbeste Waffe: also nutze diese! Laufe davon – und zwar, so weit es geht, bis du in Sicherheit bist. Welcher Angreifer hat schon die Ausdauer, dir kilometerlang hinterher zu hetzen und dann noch die Kraft, dich zu überfallen? Versuche nie, dich auf einen Kampf oder Ähnliches einzulassen – es sei denn natürlich, du beherrschst die richtigen Selbstverteidigungstechniken aus dem Effeff.

Zur Abwehr herrenloser oder aggressiver Tiere (beispielsweise Hunde oder Wildschweine) führe ich immer ein Pfefferspray mit, das ich griffbereit im Laufrucksack verstaue (oder in der seitlichen Tasche meiner Laufhose). Im absoluten Notfall kann auch schon mal eine ganz profane Trillerpfeife oder ein Taschenalarm dabei helfen, einen Angreifer (ob tierisch oder menschlich) in die Flucht zu schlagen. Ich laufe selbst seit über 20 Jahren und kam glücklicherweise nie in die Situation, mich gegen menschliche Angreifer verteidigen zu müssen, tierische hingegen kreuzen des Öfteren meinen Weg auf unangenehme Weise. Ich weiß nicht, wie oft ich

Step 1: Aller (Lauf-)Anfang ist steinig und schwer... – muss er aber nicht!

schon den Satz „der will doch nur spielen" hörte. Wahlweise auch: „das ist doch nur ein Welpe" oder „so etwas wie deine Strümpfe kennt er eben nicht" (da trug ich Kompressionssocken)... Auch wenn der Hund noch so lieb ist, ich möchte grundsätzlich keinen Kontakt mit einem fremden Tier und freue mich auch nicht darüber, wenn es an mir hochspringt und dabei meine Laufkleidung verschmutzt!

Hat man als Läufer die Aufmerksamkeit eines Hundes erregt – und das kommt, zumindest im Frankfurter Stadtgebiet, des Öfteren vor, da jeder zweite Hundebesitzer das Wort Hundeleine schlichtweg nicht zu kennen scheint – sollte man den Hund ignorieren, auf jeden Fall den Blickkontakt vermeiden, so ruhig wie möglich bleiben und sich gegebenenfalls von ihm abwenden. Aber wer kann schon gelassen bleiben, wenn ein Schäferhund auf einen zugerannt kommt und unvermittelt hochspringt? Oder einen ein Rottweiler mit gesträubtem Fell anbellt? Die meisten Hunde haben einen ausgeprägten Jagdtrieb, und da kommen ihnen Läufer oder Radfahrer in Bewegung gerade recht. Verlangsame dein Tempo, oder bleibe stehen, und gehe ruhig an dem Tier vorbei. Die meisten Hunde verlieren dann schnell das Interesse. Bewährt hat sich auch, den Hundebesitzer von weitem (durch Rufen oder Husten) auf sich aufmerksam zu machen, so dass er den Hund frühzeitig anleinen kann. Bei kleineren, ungefährlichen Hunden hat es mir auch schon mal geholfen, diese mit einem lauten und dominanten „Aus" anzuschreien, so dass sie den Schwanz einzogen und wegliefen.

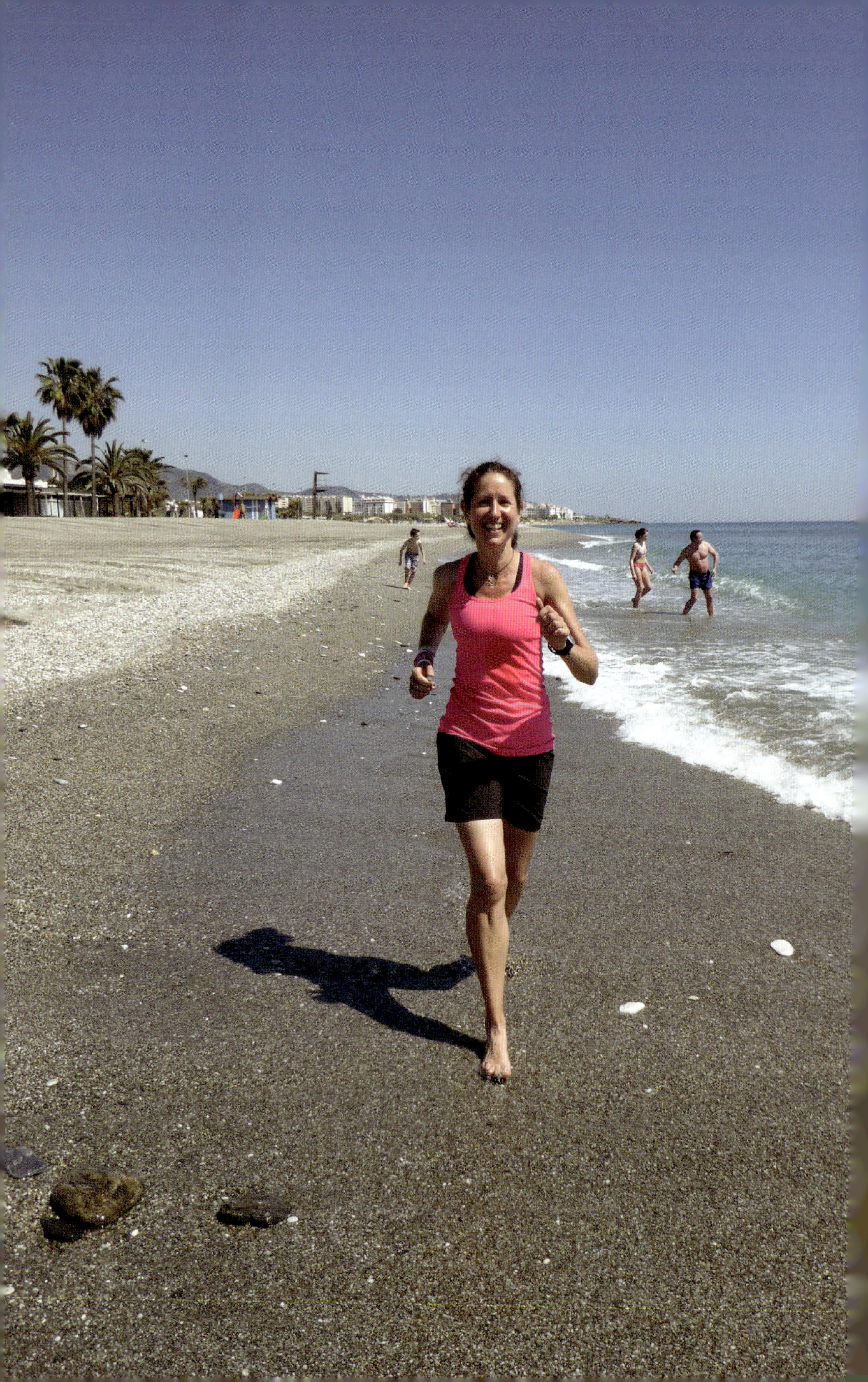

Step 2: Einfach (!) leichter Laufen – welche ist die für dich optimale Lauftechnik?

Im folgenden Kapitel geht es nun darum, dir das Laufen mit der zu dir passenden Technik zu erleichtern. Es gibt viele Bücher über Lauftechnik, und ich habe das Laufen mit Sicherheit nicht neu erfunden. Es geht mir mit den folgenden Anregungen einfach darum, dir zu vermitteln, worauf du deine Aufmerksamkeit legen solltest, damit du effektiv, kraftsparend und vor allem verletzungsfrei läufst. Wenn du als Laufeinsteiger von Anfang an auf einige dieser Faktoren achtest, werden sie dir schneller in Fleisch und Blut übergehen, als wenn du bereits mehrere Jahre gelaufen bist und sich mit Sicherheit einige – vielleicht auch nicht ganz so schöne – Bewegungsabläufe eingeschliffen haben.

Ganz wichtig!
Dieses Kapitel gibt dir Anregungen für einen natürlichen Laufstil. Es ersetzt allerdings keinen professionellen Lauftrainer, der mittels einer Laufstil-Analyse deine individuellen Fehlhaltungen aufspüren und korrigieren kann.

Bis ich im Frühjahr 2020 mit diesem Buch begann, bin ich weit über 5.000 Wettkampfkilometer in Marathon- und Ultraläufen gelaufen und mit Sicherheit um ein Zehnfaches mehr im Training und in diversen Vorbereitungsrennen. Ich habe all diese Kilometer nicht absolviert, weil ich eine besonders gute oder talentierte Läuferin war, sondern weil ich einen Laufstil entwickelt habe, den ich für mich als besonders ökonomisch und mühelos empfand und mit dem ich gefühlt ewig weiterlaufen konnte.

Es gibt nicht „die" perfekte Lauftechnik, die für alle Läufer passt. Jeder Mensch ist anders, und jeder hat seinen eigenen Stil. Jeder hat seine Stärken und Schwächen. Bitte entwickele ein Körpergefühl dafür, was sich für dich gut anfühlt, wie das Laufen leichter wird, du weniger Kraft einsetzen musst und du spürst, dass du deine Muskulatur und die Gelenke entlasten kannst. Aber versuche auch herauszufinden, was für dich *nicht* passt. Hast du Schmerzen (wo auch immer), ist das stets ein Zeichen dafür, dass etwas „schief läuft" – im wahrsten Sinne des Wortes.

Ich erlebe immer wieder, dass Läufer kein Körpergefühl besitzen. Solche, die sich selbst viel zu sehr unter Druck setzen. Die perfekt oder sehr schnell laufen wollen. Das Laufen ist für solche Läufer kein natürlicher Vorgang, sondern harte Arbeit, bei der man sich bei jedem Schritt Gedanken über den Bewegungsablauf machen muss. Und das ist sehr anstrengend – für den Körper, aber auch für den Kopf.

Kannst du dich noch daran erinnern, als du Radfahren gelernt hast? Man hielt dich so lange am Sattel fest, bis du plötzlich ganz alleine ohne fremde Hilfe gefahren bist. Von einer Sekunde auf die andere hattest du gespürt, wie es funktioniert und wusstest ganz genau, wie du die Balance halten musst, um vorwärts zu kommen. Was hast du dabei gedacht? „Jetzt muss ich rechts in die Pedale treten und links lenken"? Nein, das wäre zu kompliziert gewesen. Es erfolgte alles intuitiv. Du hast genau gefühlt, was du zu welchem Zeitpunkt tun musst, damit es richtig ist. Auch wenn du nach Jahren auf dein Rad steigst, ist dieses Gefühl sofort wieder da. Übertrage das auf das Laufen: Mache dir nicht bei jeden Schritt Gedanken, wie du den Fuß aufsetzen oder das hintere Bein anwinkeln musst. Versuche, dich von diesen ganzen Gedanken zu befreien, und lass es fließen. Mit den Tipps auf den folgenden Seiten gebe ich dir Hilfestellungen für deinen Laufstil und halte dich solange am „Sattel" fest, bis du ganz alleine spürst, wie du von selbst in den Flow kommst.

Bitte streiche auch ein für alle Mal aus deinem Kopf, dass Laufen anstrengend sein *MUSS*. Das scheint aus dem Schulsportunterricht auch heute noch fest in unseren Köpfen verankert zu sein. Wenn man es genau bedenkt, war es das damals auch. Ich kann mich nur noch an Laufeinheiten erinnern, die stets im Vollspeed über 50, 100 oder

Step 2: Einfach (!) leichter Laufen – welche ist die für dich optimale Lauftechnik?

400 Meter gingen. Bei manchen Läufern sieht man heute noch an ihren verbissenen Gesichtern, dass das Laufen selbst im Training einem Wettkampf gleicht. Das Laufen scheint etwas Unliebsames, bei dem man keine Zeit verschwenden und es schnell hinter sich bringen möchte. Triathleten höre ich oft sagen: „Ich mache zwar Triathlon, aber ich hasse das Laufen!" Das ist schon eine völlig falsche Einstellung. Wenn man etwas hasst – so wie ich es am Anfang ja auch tat – wird man nie spüren, was einem das Laufen geben kann. Man wird womöglich auch kein Körpergefühl entwickeln oder fühlen, welcher Laufstil besser oder schlechter ist. Wenn ich etwas hasse, dann möchte ich mich so wenig wie möglich damit beschäftigen. Also werde ich mich auch nie signifikant verbessern. Zu Beginn ist eines ganz wichtig: Mache das Laufen zu deinem Freund. Denke nie, „heute *muss* ich wieder laufen", sondern „heute *darf* ich laufen und bin froh, dass ich dieses Privileg überhaupt habe!"

Bist du womöglich durch einen Unfall beeinträchtigt, hast eine genetische Fehlbildung oder beispielsweise fehlende Rotationsmöglichkeiten in der Schulter? Dann solltest du deine körperlichen Grenzen akzeptieren. Jeder muss mit dem „Material" arbeiten, das ihm zur Verfügung steht. Mach dich auch nicht verrückt, wenn dein Laufstil von außen nicht elegant oder besonders dynamisch aussieht. Hauptsache ist, dass du dich damit wohlfühlst und du die Leichtigkeit der Bewegung spürst.

Das wichtigste vorneweg: Langsam laufen!

Ich weiß, ich habe es schon mehrmals betont, aber ich tue es hier erneut: laufe langsam! Das Laufen sollte dich gerade bei deinem Laufeinstieg nicht anstrengen und das Tempo stets so gewählt werden, dass du locker beim Laufen reden könntest. Laufe so lange in dieser Geschwindigkeit, bis du stabil und ohne Probleme mindestens 60 Minuten am Stück laufen kannst. Läufst du schon etwas länger und willst nun schnellere Einheiten integrieren, dann halte dich dabei an die 80/20-Regel. Absolviere 80 Prozent deines Trainings in einem lockeren Tempo und die restlichen 20 in einem schnelleren Tempo.

Ich weiß, dass es ganz schön belastend sein kann, wenn man von allen anderen überholt wird oder die Uhr einen Kilometerschnitt jenseits der 7 Minuten pro Kilometer anzeigt. Aber sei mutig und laufe langsam!

Laufen lieben lernen

Erstens ist das Laufen so weniger anstrengend und du kannst es mehr genießen. Zweitens wirst du feststellen, dass du irgendwann, auch ohne es zu forcieren, mit dem gleichen Kraftaufwand ganz allmählich schneller wirst. Denke dabei an das Haus, das wir Stück für Stück in die Höhe bauen – und zunächst mit einem soliden Fundament beginnen.

Das größte Problem ist, dass die meisten Anfänger viel zu schnell loslaufen und am besten sofort alles erreichen wollen. Meist zu Jahresbeginn, wenn neue Vorsätze in die Tat umgesetzt werden, jagen sie mit hochrotem Kopf, laut schnaufend, an einem vorbei, um nur wenige Wochen später wieder gänzlich verschwunden zu sein. Warum? Wenn man jahrelang keinen Sport getrieben hat und dann plötzlich von seinem Körper Höchstleistungen einfordert, weil man alles und am besten sofort übers Knie brechen will, wird sich der Körper ganz schnell zu Wort melden. Natürlich merkst du zu Beginn recht bald, dass du dich konditionell weiterentwickelst, aber dann, wenn es deinem Körper zu viel wird, wird er entweder mit Leistungsstagnation oder Wehwehchen antworten. Viele bestätigt es in ihrem Vorurteil, wonach Laufen eben nicht gesund sei! Dabei braucht es einfach nur Zeit, bis sich die Muskulatur, vor allem aber Bänder, Sehnen und Gelenke, an die neue Belastung gewöhnt haben.

Außerdem machen sich Anfänger kaum Gedanken über die richtige Lauftechnik. Sie laufen einfach los, denn schließlich ist Laufen die natürlichste Sache der Welt. Aber nach Jahren der Unsportlichkeit und des „Sitzens" haben sie das natürliche Laufen verlernt. Ihre Muskulatur ist zum einen verkürzt, zum anderen verkümmert. Die einen laufen zu steif, die anderen gänzlich ohne Körperspannung, und kaum einer macht sich beispielsweise Gedanken über das Zusammenspiel von Körperhaltung, Armschwung und Beinarbeit. Daher ist es hilfreich, sich gerade zu Beginn ein paar Lauftipps zu holen – BEVOR sich ein schlechter Laufstil eingeschlichen hat.

Wichtig!
Bevor du an dieser Stelle weiterliest möchte ich, dass du ein Laufvideo von dir erstellen lässt. Bitte jemanden aus deinem Umfeld, dich von vorne, von hinten und seitlich zu filmen. Nutze dafür einfach deine Handykamera. Bitte laufe bei der Aufnahme so normal wie möglich – am besten so, wie du immer läufst. Laufe, ohne dich dabei zu verstellen, denn schließlich willst du ja den derzeitigen Ist-Zustand festhalten und nicht einfach nur besonders gut vor der Kamera aussehen. Dann macht das Ganze nämlich

Step 2: Einfach (!) leichter Laufen – welche ist die für dich optimale Lauftechnik?

überhaupt keinen Sinn – und glaub mir, ich hab' schon die seltsamsten Laufstile gesehen, die meilenweit von der Realität abwichen – nur, weil die Läufer plötzlich gefilmt wurden und „unter Beobachtung" standen...

Für manche ist es ein Schock, wenn sie sich das erste Mal beim Laufen sehen. Denn Selbst- und Außenwahrnehmung klaffen unter Umständen sehr weit auseinander. Doch das Video ist essentiell. Zum einen kannst du damit deine eigenen Schwächen erkennen und dadurch effektiv an deinen Defiziten arbeiten. Zum anderen ist es toll, wenn du nach einigen Monaten ein weiteres Video erstellst und bereits einen positiven Vorher-Nachher-Effekt erkennen kannst. Das motiviert ungemein.

Welche ist die optimale Laufhaltung?

Hast du dich mal vor einen Spiegel gestellt und geschaut, wie du eigentlich stehst? Stehst du aufrecht? Wie ist die Haltung deines Kopfes? Gerade oder eher nach vorne geneigt? Wie die deiner Schultern? Sind diese auf einer Linie, oder hängen sie leicht nach vorne? Hast du gegebenenfalls einen Rundrücken?

Vielleicht kannst du hier bereits ein Muster erkennen? Entstanden durch stundenlanges Sitzen am PC sowie ständiges Kontrollieren des Smartphones, gepaart mit einer schwachen Rumpfmuskulatur? Bist du vielleicht von großer Statur und wolltest dich Zeit deines Lebens kleiner machen, als du eigentlich bist, um andere nicht zu überragen? Hast du viele Probleme und Sorgen, die auf deinen Schultern lasten? Hast du vielleicht eine große Oberweite oder einen Bauch, den du verbergen möchtest? Das alles beeinträchtigt unsere Haltung – auch beim Laufen.

Stelle dich nun gerade hin:

- Oberkörper aufrecht
- Lendenwirbelsäule gerade (kippe dein Becken vor & zurück, bis eine neutrale Position erreicht ist)
- Füße schulterbreit und nach vorne ausgerichtet
- Knie locker
- Kopf gerade auf der Wirbelsäule
- Schultern in einer Linie
- Nach vorn geöffnete Brust

Laufen lieben lernen

Wie fühlt sich das an? Kontrolliere diese Haltung immer wieder vor dem Spiegel, damit du ein Gefühl für eine aufrechte Haltung bekommst.

Links: Aufrechte Haltung. Mitte: Oftmals sacken die Schultern der Läufer nach vorne – daraus resultiert eine nach vorne unten geneigte Laufhaltung (rechts).

Daraus können wir auch die Laufhaltung ableiten:

- Der Oberkörper ist aufrecht, damit Arme und Beine optimal arbeiten können ➡ eine gute Rumpfstabilität hilft dabei.

- Der Kopf sitzt gerade auf der Halswirbelsäule ➡ wie an einer Schnur nach oben gezogen.

- Der Blick geht dabei etwa 5 bis 10 Meter vor dir auf den Boden ➡ es ist wichtig, dass der Kopf nicht nach unten, aber auch nicht nach hinten kippt. Mit einer geraden Kopfhaltung kannst du zum einen besser atmen, zum anderen unterstützt eine gute Kopfhaltung die Gesamtkörper-Balance.

- Die Schultern sind auf einer Linie ➡ ggf. die Schulterblätter ganz leicht zusammenziehen.

Step 2: Einfach (!) leichter Laufen – welche ist die für dich optimale Lauftechnik?

✚ Die Schultern sind dabei stets locker – nicht verkrampfen oder hochziehen ➡ immer wieder überprüfen und die Arme nach Bedarf regelmäßig ausschütteln.

Im Chi-Running sagt man: Man läuft mit dem Herzen voran. Ich finde das ist eine schöne Assoziation, um stets mit einem nach vorn geöffnetem Oberkörper zu laufen.

Gib dir Raum zum Atmen

Viele Läufer sind mit einem nach vorne gebeugten Kopf unterwegs. Aus Unsicherheit, weil sie wegen einer Sehschwäche den Boden nicht gut sehen können, um Problemzonen zu verdecken, oder um sich (aus Gewohnheit) kleiner zu machen. Das beeinträchtigt aber nicht nur die gesamte Balance deiner Laufhaltung, sondern behindert zugleich auch deine Atmung. Wie sollst du richtig Luft holen können, wenn die Luftröhre permanent – zumindest zu einem Teil – abgeschnitten ist und so die Luftzufuhr reduziert wird? Einer meiner Laufschüler hatte folgendes Problem: Er spielte Handball, und immer, wenn er im Spiel zu einem Sprint ansetzte, wurde ihm nach kürzester Zeit schwarz vor Augen. Was passierte? Sobald er sprintete, nahm er seinen Kopf extrem nach unten, presste das Kinn an die Brust, so dass er sich selbst von der Luftzufuhr abschnitt. Und das genau in dem Augenblick, in dem der Körper umso mehr Sauerstoff benötigte, damit die Muskeln optimal versorgt werden können.

Übungen zur Laufhaltung

Es ist wichtig, dass du ein Gespür für deine optimale Laufhaltung entwickelst. Versuche folgende Übungen – am besten immer wieder abwechselnd – und so lange bis du merkst, in welcher Position sich die Bewegung für dich am besten anfühlt. Absolviere jede der folgenden Übungen 3 bis 5 Mal hintereinander.

- Laufe 100 Meter in deiner „alten" Laufhaltung ➡ Laufe nun für 100 Meter mit geradem Kopf, Blicke 5 bis 10 Meter vor dir auf den Boden, wähle eine gerade Körperhaltung, und ziehe hinten ganz leicht deine Schulterblätter zusammen – alles, ohne zu verkrampfen. Was spürst du?

- Laufe 100 Meter in einer guten Laufhaltung ➡ Laufe nun 100 Meter, indem du den Kopf senkst und direkt vor dir auf den Boden schaust (das machen wirklich viele!), automatisch werden dabei auch deine Schultern nach vorne gezogen. Wie fühlt sich das an? Wie frei kannst du damit atmen? Wie tief Luft holen? Und was passiert, wenn du so etwas schneller läufst?

- Laufe 100 Meter in einer guten Laufhaltung ➡ Laufe nun 100 Meter, indem du dich mit dem Oberkörper nach hinten lehnst – auch das machen (unbewusst) sehr viele Läufer. Was passiert? Bremst du dich damit selbst aus?

Balance ist wichtig!

Als Läufer solltest du ein gutes Balancegefühl haben, damit du im Notfall schnell agieren und verletzungsfrei ausgleichen kannst. Ob auf einer unebenen Straße, beim Ausweichen vor Hindernissen, Hunden oder Walkern, bei Eis- oder Schneeglätte oder auf wechselhaften Lauuntergründen, wie bei Wald- oder Wurzelpfaden. Ein Sturz ist rasch passiert. Je schneller du reagieren und dich abfangen

Step 2: Einfach (!) leichter Laufen – welche ist die für dich optimale Lauftechnik?

kannst, desto besser. Insbesondere beim Trailrunning sagt man „Falling is part of the game", und ich weiß nicht, wie oft ich dabei in einem unaufmerksamen Augenblick gestürzt bin. Durch ein gutes Gleichgewicht konnte ich aber auch den ein oder anderen heiklen Sturz in letzter Sekunde abfangen. Ich habe schon viele Stürze bei Wettkämpfen gesehen, aber am beeindruckendsten war jener, als beim St. Wendel Marathon in der Masse direkt ein Läufer vor uns zu Boden ging und der unmittelbar nachfolgende mit einem Hechtsprung und einer gekonnten Rolle vorwärts seinen eigenen Sturz verhindern und einfach weiterlaufen konnte.

Fest steht, dass man zwischen dem 25. und dem 75. Lebensjahr bis zu 75 Prozent seines Balancegefühls verliert, wenn man nichts dagegen unternimmt. Und ich finde es immer wieder erschreckend, wenn Laufanfänger jenseits der 50 Jahre nicht mehr problemlos auf einem Bein stehen können. Geht es dir genauso?

Absolviere folgenden Test:

1) Stelle dich jeweils für 30 Sekunden barfuß auf ein Bein, und blicke dabei mit neutraler Kopfposition nach vorn. Spürst du, wie deine Fußsohle, dein Sprunggelenk und die Muskeln arbeiten? Stehst du hierbei noch stabil und fühlst dich wohl? Kannst du dich für eine halbe Minute auf einem Bein halten? Falls nicht, solltest du auf jeden Fall an deiner Balance arbeiten!

War dir das zu leicht? Dann gehe zu Test 2:

2) Stelle dich erneut für 30 Sekunden auf ein Bein, und drehe deinen Kopf ganz langsam nach rechts und nach links. Was spürst du jetzt? Kannst du dich stabil halten?

Alles kein Problem? Dann führe Test 3 durch:

3) Wiederhole den Einbeinstand, und schwinge nun das jeweils andere Bein 10 Mal vor und zurück.

Wenn du auch dies mit Bravour gemeistert hast, führe den Profi-Test durch:

4) Absolviere alle Übungen aus den Tests 1 bis 3 mit geschlossenen Augen.

Balanceübungen kann man auch wunderbar am Strand im weichen Sand ausüben.

Konntest du dich bereits bei Test 1 nicht auf einem Bein halten, dann solltest du auf jeden Fall an deiner Balance arbeiten. Auch bei erheblichen Schwierigkeiten bei Test 2 und 3 kann es nicht schaden, Zeit in dein Gleichgewicht zu investieren.

Beginne damit, dass du 2 bis 3 Mal pro Woche für ein paar Sekunden barfuß (ohne Schuhe) immer mal wieder auf einem Bein stehst (beispielsweise beim Kaffeekochen oder beim Zähneputzen). Erhöhe die Zeit auf 30, 60 und 90 Sekunden.

Wenn du nach einigen Wochen stabiler bist, erhöhe die Intensität, und stelle dich im Einbeinstand auf ein Sofakissen, ein zusammengerolltes Handtuch, eine mit ein wenig Wasser gefüllte Wärmflasche oder ein Balance- oder Airexkissen.

Step 2: Einfach (!) leichter Laufen – welche ist die für dich optimale Lauftechnik?

Ist das für dich keine Herausforderung mehr, beginne auf deinem instabilen Untergrund mit Übungen, z.B.:

➡ Yogaübung Baum
➡ Seitliches Beinheben
➡ Beinheben nach vorne & hinten
➡ Leichte Kniebeuge
➡ Standwaage
➡ Lass dir einen Tennisball zuwerfen, den du fangen musst
➡ Absolviere alle Übungen mit geschlossenen Augen

Die Arme sind ein wichtiger Bestandteil des Laufens

Das wahrscheinlich größte Potential beim Laufen liegt in der Armhaltung. Coache ich Läufer in ihrer Lauftechnik, beginne ich stets mit den Armen und beschere damit den meisten den ersten großen Aha-Effekt.

Es sieht zwar bei vielen Läufern nicht so aus, aber die Arme haben beim Laufen grundsätzlich eine wichtige Funktion. Ein Großteil führt die Arme jedoch so mit sich, als wären sie lästiges Beiwerk. Getreu dem Motto: Die Dinger sind halt da, ich kann sie nicht abschrauben, also nehme ich sie eben mit. Wenn man erst mal den Sinn dafür geschärft hat, sieht man in seinem Umfeld die absonderlichsten Armhaltungen. Ich wundere mich, mit welch seltsamen Armhaltungen manche laufen konnten, ohne den Spaß daran zu verlieren – denn Laufen ist um vieles anstrengender, wenn die Arme völlig außer Kontrolle geraten.

Bitte merke dir!
Wenn die Arme nicht richtig schwingen, können die Beine nicht optimal arbeiten!

Laufen lieben lernen

Oben v.l.n.r.: Die wohl typischste Armhaltung ist die Querbewegung zur Seite. Auch eine reduzierte Armhaltung rein vor dem Körper ist oftmals zu sehen. Hängende und breite Arme kommen bei männlichen Läufern öfters vor.

Unten v.l.n.r.: Läufst du mit offenen Händen (Handkantenschlag), dann prüfe immer, ob du in den Schultern locker bist. Ein Smartphone am Arm kann den Armschwung ebenso behindern, wie zu wenig Körperspannung (Mitte). Achte auch auf deinen Armschwung nach hinten: Führst du den Arm gerade oder in einer Querbewegung zurück?

Welche ist die optimale Armhaltung?

- Die Schultern sind locker und nicht verkrampft.

- Der Ellenbogen ist spitz ➡ weniger als 90 Grad.

- Die Hände sind eine Verlängerung des Unterarms ➡ achte darauf, dass die Handgelenke gerade und nicht abgeknickt sind.

Step 2: Einfach (!) leichter Laufen – welche ist die für dich optimale Lauftechnik?

- Die Hände werden leicht (!) zur Faust geballt, der Daumen liegt obendrauf ➡ stell dir vor, du hättest ein Taschentuch oder einen kleinen Vogel in der Hand, den du nicht zerdrücken darfst.

- Die Arme werden von vorne oben nach hinten geführt ➡ bewege die Hände vorne auf Brusthöhe – als wolltest du einen Rucksack schultern.

- Beim Armschwung nach hinten bleibt das Läuferdreieck geschlossen ➡ will heißen, die Hände enden an der Hüfte und die Arme öffnen sich NICHT nach hinten. Nutze dabei aber auch wirklich den Weg, bis du deine Hüfte berührst.

- Der Armschwung erfolgt neben dem Körper und nie vorne über die Körpermitte ➡ nutze den Reißverschluss an deiner Jacke als imaginäre Linie, die nicht überschritten werden darf.

- Der Armschwung erfolgt ganz locker aus den Schultern.

Links: Falsch! Die imaginäre Mittellinie des Körpers sollte nicht überquert werden. Mitte: Beim Läuferdreieck wird der Arm mit spitzem Ellenbogen nach hinten geführt, maximal zu dem Punkt, an dem die Hand die Hüfte berührt. Rechts: Falsch! Das Läuferdreieck sollte nicht nach hinten geöffnet werden.

Stelle dich vor einen Spiegel, und schwinge die Arme in der zuvor genannten Weise. Wie fühlt es sich an? Schließe nun die Augen, und schwinge für einige Sekunden weiter. Sind die Arme beim Öffnen der Augen noch in der richtigen Position? Oder schwingen sie wieder in ihrer gewohnten und vielleicht nicht ganz optimalen Weise? Wenn du langsam ein Gespür für den Armschwung entwickelst, kannst du den Armschwung auch mit leichten Hanteln (als Alternative auch mit gefüllten Trinkflaschen) ausführen. Dadurch wird die dafür benötigte Muskulatur gestärkt. Viele berichten mir, anfangs von dieser Übung schwere Arme oder Muskelkater in den Schultern zu bekommen – insbesondere dann, wenn sie ihre Arme nie richtig geschwungen hatten.

Bleib dran, denn es lohnt sich. Nur bei einer guten Armhaltung werden die Beine entlastet und können optimal arbeiten. Jede Fehlbewegung führt zu einem zwangsläufigen Ausgleich durch die Beine. Und das kostet Kraft! Denn indem die Beine ständig die Fehlhaltung der Arme ausgleichen müssen, können sie sich nicht mit voller Kraft auf die Vorwärtsbewegung konzentrieren.

Übungen zur Armhaltung

Suche dir eine flache Strecke, bei der du dich voll auf dich konzentrieren kannst. Laufe nun 100 Meter mit einer guten Armhaltung, und wechsele danach für 100 Meter in eine übertrieben falsche Bewegung. Danach läufst du erneut 100 Meter mit einer optimalen Armarbeit. Spüre bei den Übungen mit übertrieben falschen Bewegungen, wie deine Beine darauf reagieren. Und realisiere, wie locker es sich plötzlich anfühlt, wenn die Arme wieder optimal arbeiten können.

- Lass die Arme nach unten hängen ➡ spürst du, dass du sofort in einen Schlappschritt fällst, der Körper einknickt und die Oberschenkel nun viel mehr arbeiten müssen?

- Verschränke die Arme vor der Brust, und laufe bewusst „ohne Arme" ➡ spürst du, wie mühsam es ist, sich vorwärts zu bewegen und wie deine Hüfte und die Schultern bei jedem Schritt seitlich rotieren?

Step 2: Einfach (!) leichter Laufen – welche ist die für dich optimale Lauftechnik?

- Nun führe die Arme mit einer übertriebenen Querbewegung nach rechts und links ➡ auch dabei verpufft die gesamte Kraft zur Seite und nicht nach vorne, wo wir eigentlich hin möchten. Außerdem hast du auch hier eine extreme Hüftrotation, und die Beine müssen dieser mit einer Ausgleichsbewegung (meistens mit X-Beinen und Beinschwung nach außen) entgegenwirken.

- Halte beide Arme gebeugt in einer starren Position neben dem Körper und versuche, nicht zu schwingen ➡ das Laufen fällt dir unheimlich schwer, die Beine müssen umso mehr arbeiten, und die Hüfte/der Körper rotiert ebenfalls nach links und rechts.

- Halte nun nur einen Arm gebeugt in einer starren Position neben dem Körper, und schwinge mit dem anderen ganz normal ➡ das sehe ich oft, wenn Leute ihr Smartphone in einer Armtasche mitführen – oder stets ihren Schlüssel in der Hand halten. Selbst wenn nur ein Arm mangelhaft schwingt, beeinträchtigt das die Leistungsfähigkeit der Beine.

- Laufe nun mit abgeknickten und nach innen gedrehten Handgelenken ➡ selbst eine solch kleine Fehlhaltung hat eine Auswirkung auf den Armschwung und somit auf deine Beine.

- Laufe jetzt mit ganz lockeren Handgelenken, so dass diese bei jedem Schritt nach hinten „schnicken".

- Laufe anschließend mit fest zu Fäusten geballten Händen ➡ die Anspannung geht durch deinen gesamten Körper, dabei werden meist die Schultern angespannt und hochgezogen. All das hindert dich wiederum an einem lockeren Armschwung.

Was spürst du jeweils? Wie fühlen sich deine Beine an? Welche Ausgleichsbewegungen müssen diese ausführen? Wie reagiert deine Hüfte, wie dein Oberkörper? Und wie fühlt es sich jeweils an, wenn du zwischendurch in eine „gute" Armhaltung wechselst?

Laufen lieben lernen

Zwei weitere Übungen empfehle ich dir, um dir zu zeigen, wie sehr Arme und Beine miteinander verknüpft sind:

✚ Laufe 100 Meter „normal", und führe für die nächsten 100 Meter deine Arme bewusst nach hinten (aber nur so weit, dass das Läuferdreieck geschlossen ist). Spürst du, dass du mehr Schwung kriegst? Dass automatisch mehr Vortrieb vorhanden ist und du einen Tick schneller wirst? Obwohl du einzig mit deinem Armschwung arbeitest?

✚ Laufe nun 100 Meter „normal", und schwinge auf den nächsten 100 Metern die Arme bewusst schneller, mit einer höheren Frequenz. Versuche aber, mit den Beinen in deinem „alten Takt" zu bleiben. Was passiert? Du wirst es nicht schaffen, die Beine in einem anderen Takt als die Arme zu bewegen. Das kann nämlich gar nicht funktionieren! Die Beine haben keine Chance, dieser Vorgabe von oben (den Armen) zu entfliehen. Daher sollte jedem Läufer bewusst sein: **Die Arme steuern die Beine!** Arme und Beine sind ein System, das optimal ineinander übergreifen sollte, damit man sich effektiv vorwärts bewegen kann.

Übungen zur Korrektur

✚ Bist du jemand, der die Arme eher hängen lässt und dem ein spitzer Ellbogen schwerfällt? Dann bist du mit Sicherheit ein Läufer, der mit einem schweren Schritt läuft. Zudem werden deine Oberschenkel mehr belastet, als es eigentlich nötig wäre. Vielleicht hast du dir im Laufe der Zeit auch eine immense vordere Oberschenkelmuskulatur antrainiert? Eine normale Reaktion des Körpers, da du ihn nicht mit den Armen unterstützt. Je mehr „unnötige" Muskulatur du dir jedoch antrainierst, desto schwerer bist du – du weißt ja, Muskeln sind schwerer als Fett – und desto mehr müssen diese während des Laufs mit Sauerstoff versorgt werden.

Step 2: Einfach (!) leichter Laufen – welche ist die für dich optimale Lauftechnik?

➡ Lege dir 2 Taschentücher in die Armbeuge (im Winter nehme ich dafür die Handschuhe), und laufe damit. Entspanne dich, und ziehe die Schultern nicht hoch. Dabei entsteht zwar ein arg spitzer Winkel, aber je mehr sich diese Überkorrektur in dein Muskelgedächtnis einbrennt, desto eher kannst du beim Laufen einen moderaten Winkel ohne Probleme umsetzen. Kontrolliere dabei immer wieder, ob du die Arme auch nach hinten schwingst oder diese starr neben dem Körper hältst, immer in Sorge, dass das Taschentuch herausfällt? Je unruhiger dein Oberkörper dabei rotiert, desto weniger nutzt du deinen Armschwung. Daher: Taschentücher in Armbeuge und zusätzlich entspannt nach vorne und hinten schwingen.

✚ Bist du jemand, der die Arme quer vor dem Körper schwingt? Dann verpufft deine Energie eher zur Seite, als dass sie für den Vortrieb genutzt wird. Zudem rotiert deine Hüfte bei jedem Schritt, was zu Fehlbelastungen führen kann.

➡ Suche dir 2 Äste (ca. 20-30 cm) am Wegesrand, und führe diese beim Laufen in den Händen mit. Die Stöcke weisen dir nun die Richtung deines Armschwungs. Hast du eine gute Armhaltung, dann schwingen die Stockenden in Richtung deiner Schultern. Gerätst du erneut in eine Querbewegung, werden sich die Äste bedrohlich deinem Gesicht und den Augen nähern – und das ist äußerst unangenehm. Das Laufen mit Stöcken zeigt dir sehr schön deinen eigenen Armschwung – gerade, wenn du alleine unterwegs bist und niemand dich korrigieren kann.

➡ Eine Visualisierung kann ebenso hilfreich sein: Stelle dir vor, du hättest 2 Scheinwerfer vorne auf den Schultern, die stets in Laufrichtung leuchten sollen – und nicht seitlich an den Wegesrand.

✚ Bist du jemand, der mit einem minimalen oder fehlenden Armschwung läuft? Dann verschenkst du zu viel Energie.

Laufen lieben lernen

> ➥ Achte beim Laufen darauf, dass deine Hand beim Schwung nach hinten ganz leicht deine Hüfte berührt. Dabei wirst du merken, dass sich dein Schritt automatisch etwas nach hinten verlängert. US-amerikanische Trainer behaupten sogar, dass ein Schwung nach hinten viel wichtiger sei als ein hoher Armhub vorne. Teste beide Variationen. Was fühlt sich besser an? Was gibt dir Vortrieb? Natürlich musst du im ganz langsamen Tempo deinen Arm nicht maximal nach hinten führen – das könnte mehr Kraft kosten, als es von Nutzen ist. Mache dir jedoch bewusst, dass du durch einen Armschwung nach hinten den Schwung fürs Laufen mitnehmen kannst.

ICH MOTIVIERE MICH ZUM LAUFEN
*„... mit **Musik** auf den Ohren und dem **Mantra**: bis zur nächsten Laterne schaffst du es... und bis zur nächsten und übernächsten. So drehe ich dann immerhin eine kleine Runde."*
Julia Pfitzner

Tipp!
Studiere andere Läufer und deren Armarbeit. Analysiere, was du siehst und prüfe, was du für dich daraus lernen kannst. Du wirst auch beobachten, dass viele Profiläufer mit „interessanten" Armhaltungen unterwegs sind. Im Gegensatz zum Hobbyläufer laufen sie dennoch effizient, was nicht zuletzt einer stärkeren Muskulatur, einer besseren Rumpfstabilität, aber auch eines jahrelangen Lauftechnik-Trainings geschuldet ist – so dass bei Profis ein falscher Armschwung weniger stark auf Kosten der Effektivität geht.

Step 2: Einfach (!) leichter Laufen – welche ist die für dich optimale Lauftechnik?

Wie setzt du deine Füße auf?

Hast du dir schon mal Gedanken über deinen Fußaufsatz gemacht? Also darüber, womit dein Fuß bei jedem Schritt zuerst auf den Boden aufsetzt? Hier gibt es 3 Möglichkeiten: mit der Ferse, mit dem Fußballen oder mit dem flachen Fuß. Aus meiner eigenen Praxis weiß ich, dass rund 80 Prozent aller Hobbyläufer über die Ferse laufen. Vereinzelte laufen über den Vorfuß und der Rest setzt den Fuß flach auf. Wenn du nun bereits ein Video von dir aufgezeichnet hast, dann kannst du in der Seitenansicht und am besten in Zeitlupe ganz genau erkennen, welchen Fußaufsatz du hast.

Fußaufsatz über die Ferse (links), über den Vorfuß (mitte) und mit flachem Fuß (rechts).

Bist du ein **Vorfuß-Läufer?** Wenn du schon immer über den Vorfuß gelaufen bist, weil du etwa in der Kindheit bereits mit der Leichtathletik begonnen hast und dort auf der Kurzstrecke unterwegs warst, dann ist deine Muskulatur daran gewöhnt und entsprechend ausgebildet. Willst du weiterhin kurze bis mittlere Strecken laufen, würde ich auch nichts daran ändern. Wäre dein großes Ziel, irgendwann mal einen Marathon oder Ultralauf zu finishen, solltest du über eine Umstellung deines Laufstils auf den flachen Fuß nachdenken, da dieser, auf Dauer gesehen, weniger belastend für die Fuß- und Wadenmuskulatur sowie die Achillessehne ist.

Laufen lieben lernen

Bist du ein **Fersen-Läufer**? Dann läufst du wie die Mehrheit aller Läufer. Die meisten laufen mit viel zu großen Schritten, um mit einem einzigen Schritt möglichst viel Wegstrecke zurückzulegen. Dabei setzen sie mit der Ferse weit vor dem Körper auf. Das bremst dich nicht nur bei jedem Schritt ab, sondern verbraucht auch unheimlich viel Kraft für den Vortrieb und belastet zudem die Gelenke. Das größte Übel ist, wenn das Knie beim Aufprall vollkommen durchgestreckt ist. Dann geht dir der Aufprall bei jedem Schritt direkt in Mark und Bein (s. Foto rechts). Im Gegensatz zum vorhergehenden Foto (S. 101): Hier ist das Knie des Läufers (links) trotz Fersenlauf beim Aufprall leicht angewinkelt. Damit kann man durchaus verletzungsfrei lange Strecken und auch Marathon laufen. Aber ist das auch effektiv?

Fersen-Läufer laufen so, wie sie gehen: sie kommen mit der Ferse voran auf. Daher werden sie oft auch als Geh-Läufer betitelt. Warum aber ist der Fußaufsatz über die Ferse ungünstig?

- Man bremst bei jedem Schritt ab, und es dauert viel zu lange, bis der nächste Schritt erfolgen kann.
- Durch große Schritte wird die Muskulatur viel zu sehr belastet, denn für die Stabilisierung und den Vortrieb muss viel Kraft aufgewendet werden.
- Der Fersenlauf birgt eine große Verletzungsgefahr in sich. Bei jedem Schritt knallt man mit dem doppelten Körpergewicht ungebremst in die Gelenke, und diese sind nur bedingt dazu geeignet, dauerhaft diesem Druck standzuhalten – Probleme mit Knie, Sprunggelenk, Schienbein, Hüfte oder Rücken können die Folge sein.

Bist du ein **Mittelfuß-Läufer**? Bei einem flachen Fußaufsatz wird jeder Schritt nicht mehr mit den Gelenken abgefedert, sondern mit der Muskulatur. Und dafür ist sie auch ausgerüstet, denn Waden- und Fußmuskulatur können so trainiert werden, dass sie damit problemlos fertig werden. Bei einem flachen Fußaufsatz kommt der Fuß (im Idealfall) unterhalb des Körperschwerpunktes (also der Hüfte) auf. Im „Normalfall" (bei Hobbyläufern) kommt der Fuß etwas vor der Hüfte auf, was auch okay ist, sobald der Fuß flach aufgesetzt wird und das Knie dabei leicht gebeugt ist.

Step 2: Einfach (!) leichter Laufen – welche ist die für dich optimale Lauftechnik?

Nutze für den Fußaufsatz bitte den gesamten Fuß, so hast du nämlich auch mehr Kraft für den Abdruck und den „Schub" nach vorne. Der Fuß wird nach hinten gezogen, angeferst und kommt schließlich unterhalb des Körpers flach auf. Der Fuß wird *nicht* aktiv vor den Körper gezogen, sondern „fällt" praktisch auf dem Weg nach vorne – von der Schwerkraft angezogen – unter der Hüfte auf den Boden.

Ich will nichts Falsches behaupten, aber ich glaube, es war Dr. Marquart in der *Laufbibel*, der als erster den Begriff „Vokuhila" für den natürlichen Laufstil geprägt hat. Man setzt den Fuß vorne kurz (also im Bereich des Körperschwerpunktes) auf und zieht ihn nach hinten lang. Die meisten Läufer beherrschen jedoch eher das „Volahiku": mit einem langen Schritt nach vorne, einem kurzen Abdruck hinten – und mit einer Landung zumeist über die Ferse. Autsch.

Merke!
Laufe nach dem Vokuhila-Prinzip – vorne kurz, hinten lang.

Den natürlichen Laufstil verlernt

Frage ich bei einer Laufgruppe in die Runde, welchen Fußaufsatz sie auf dem Video von sich erwarten, dann sagen viele: Vorfuß oder flach. Wenn wir dann an die Auswertung gehen, sind viele von sich entsetzt. In ihrer Vorstellung hatten sie einen optimalen Fußaufsatz, aber in der Realität sah das nun ganz anders aus. Warum? Ganz einfach: Wir haben das natürliche Laufen verlernt. Viele spüren nicht mal, womit ihr Fuß zuerst den Boden berührt. Dass Laufschuhe hier eine große Rolle spielen, darauf komme ich gleich noch zu sprechen. Wenn ich sage, wir haben das natürliche Laufen verlernt, dann heißt das gleichzeitig, dass wir es alle auch schon mal beherrscht haben – und zwar als Kinder. Beobachtet man Kinder beim Laufen – und ich spreche hier von Kindern, die ihrem Alter entsprechend normal motorisch entwickelt sind und nicht den ganzen Tag vor der Glotze hängen –, dann überlegen sie nicht lange, was sie machen müssen, sondern sie rennen einfach drauf los. Und das mit einer spielerischen Leichtigkeit. Dabei wählen sie instinktiv eine Laufhaltung, die sich für sie am effektivsten

Laufen lieben lernen

anfühlt: mit Hüftstreckung, Körpervorlage und einem Fußaufsatz mit gebeugtem Knie. Kein Wunder, sind sie doch den ganzen Tag auf Achse und möchten es vermeiden, Schmerzen zu bekommen oder unnötig Energie zu verschwenden. Wir Erwachsene aber, die wir uns vielleicht jahrelang nicht mehr sportlich betätigt haben, haben diese Intuition verloren. Wir sitzen zu viel (im Büro, im Auto, der Bahn, beim Essen, vor dem TV), haben dadurch eine verkürzte und schwache Muskulatur und machen uns beim Laufen sowieso viel zu viele Gedanken.

Die Unterschiede des Fußaufsatzes

	Vorfuß-Läufer	**Fersen-Läufer**	**Mittelfuß-Läufer**
Aufsatz	Über den Vorfuß, die Ferse berührt den Boden nicht	Über die Ferse, weit vor dem Körper	Flach mit dem gesamten Fuß, unterhalb des Körperschwerpunktes
Effektivität	Geringer Zeitverlust bis zum nächsten Schritt	Hoher Zeitverlust bis zum nächsten Schritt	Geringer Zeitverlust bis zum nächsten Schritt, besserer Abdruck durch den gesamten Fuß
Kraftaufwand	Gering, wenn man Vorfußlaufen gewöhnt ist	Hoher Kraftaufwand durch Stabilisierung und Vortrieb	Geringer Kraftaufwand
Beanspruchung	Hohe Beanspruchung der Fuß- und Wadenmuskulatur, Achillessehne	Extrem hohe Beanspruchung der Gelenke – Sprunggelenk, Knie, Hüfte, ggf. auch Schienbein sowie Rücken; Fuß- und Wadenmuskulatur werden kaum genutzt	Gemäßigte Beanspruchung der Fuß- und Wadenmuskulatur, Gelenke werden geschont
Strecken	Kurze bis mittlere Strecken	Alle Strecken, solange keine Schmerzen vorhanden sind – jedoch auf Kosten der Effektivität	Für alle Strecken geeignet

Step 2: Einfach (!) leichter Laufen – welche ist die für dich optimale Lauftechnik?

> **Übung Fersenläufer**
>
> Hast du keine Möglichkeit, ein Laufvideo von dir erstellen zu lassen, dann kannst du auch selbst prüfen, ob du ein Fersenläufer bist: Richte beim Laufen einfach mal mit geradem Kopf – nicht den kompletten Körper vorbeugen! – den Blick nach unten. Was siehst du von deinem Unterschenkel? Den Schuh, die Strümpfe, das komplette Schienbein? Wenn du Strümpfe und Schienbein siehst, dann kommst du mit dem Fuß möglicherweise zu weit vor dem Körper auf. Es sollte maximal die Fußspitze und die erste Schnürung des Schuhes erkennbar sein.

Wie beeinflussen Laufschuhe unseren Fußaufsatz?

Im Sommer mache ich mit den Läufern oft folgendes Experiment: Zunächst filme ich ihren Laufstil mit Laufschuhen. Unmittelbar danach bitte ich sie, ihre Schuhe auszuziehen und dieselbe Strecke auf Strümpfen zurückzulegen. Was passiert? In fast 90 Prozent aller Fälle wird der Fußaufsatz plötzlich über den flachen Fuß absolviert oder zumindest der Aufsatz weiter in Richtung Hüfte gezogen. Warum? Es ist eine reine Schutzfunktion des Körpers. Kennst du das Gefühl, wenn du daheim barfuß über Parkett oder Fliesenboden gehst? Allein beim Gehen ist es schon unangenehm, mit der Ferse voran auf dem harten Boden aufzukommen (wobei dies der natürliche Gang ist). Beim Laufen jedoch wird dieser Aufprall um das 2,5-Fache verstärkt. Das ist äußerst unangenehm. Der Körper weiß instinktiv, dieses Gefühl zu vermeiden, indem er den Fuß so aufsetzt, dass er diesen Stoß ohne Schmerzen abfedert. Dann nämlich spricht man auch vom natürlichen Laufen.

Die Krux ist nun, dass man diesen Aufprall in den gut gedämpften Schuhen der heutigen Zeit leider nicht mehr spürt. Natürlich ist der Aufprall auch hier vorhanden. Aber da er nicht unmittelbar mit einem Schmerzsignal zusammenhängt, bemerkt man ihn (zunächst) nicht – und oftmals leider erst dann, wenn es zu spät ist und sich Knie oder Hüfte schmerzhaft zu Wort melden.

Kürzlich erzählte mir ein Läufer, dass man ihm als Fersenläufer Laufschuhe empfohlen habe, die an der Ferse sehr gut gedämpft sind.

Laufen lieben lernen

War das eine gute Empfehlung? Ich sag jetzt mal: Jein. Besser hätte man ihm geraten, den Laufstil umzustellen, denn durch eine noch dickere Dämpfung wird der Aufprall (der ja offensichtlich vorhanden ist) immer weiter „verwaschen", und die Notwendigkeit einer Umstellung rückt immer weiter in den Hintergrund, bis es im schlimmsten Fall zu Knieschmerzen oder sonstigen langwierigen Problemen kommt.

Um dir das Gefühl des Barfußlaufens einzuprägen, solltest du im Alltag so oft es geht die Schuhe ausziehen und barfuß gehen. Nutze auch sogenannte Barfußschuhe oder Laufsandalen für Büro und Alltag. Im Sommer kann man seinen Füßen auch mal einen Strandspaziergang, einen kurzen (!) Barfußlauf im Sand oder über eine Wiese gönnen. Beginne jedoch mit sehr geringen Umfängen und anfangs nur mal für 2 bis 3 Minuten. Da unser Fuß immer in Schuhen steckt und geführt wird, ist die Muskulatur in der Regel leider verkümmert und das Barfußlaufen eine Sache, an die er sich erst wieder gewöhnen muss. Aber du wirst sehen: Je regelmäßiger du das machst, desto mehr werden deine Füße gestärkt und dein Bewegungsablauf auf einen natürlichen Fußaufsatz geschult – gleichzeitig schützt dich eine gute Fußmuskulatur vor Verletzungen jeglicher Art.

Barfußlaufen am Strand: Laufcamp in Spanien im März 2012.

Step 2: Einfach (!) leichter Laufen – welche ist die für dich optimale Lauftechnik?

Wichtig!
Versuche bitte nicht, von jetzt auf gleich deinen Fußaufsatz umzustellen und beispielsweise nur noch auf dem Fußballen zu tippeln. Das sehe ich ganz oft, und es birgt eine große Verletzungsgefahr in sich. Wenn du vom Fersenläufer auf den Vorfußläufer umstellen möchtest, dann kommst du von einem Extrem ins nächste. Ich habe bereits viele Läufer gesehen, die im Selbstversuch auf den Vorfußlauf umgestiegen sind und nun weit vor dem Körper mit gestrecktem Bein mit dem Vorfuß statt der Ferse aufkamen. Auch hier mussten die Gelenke jeden Schritt abfedern. Daher: Versuche, behutsam und mit Köpfchen vorzugehen – und nutze bitte auch immer den gesamten Fuß für den Abdruck.

Es gibt Werkzeuge, wie man den Körper langsam an einen anderen Fußaufsatz heranführen kann. Die Übungen hierfür erläutere ich im Folgenden.

Wie kann ich einen flachen Fußaufsatz erreichen?

Oftmals wird in Artikeln eine bestimmte Art des Fußaufsatzes propagiert und dessen Vor- und Nachteile behandelt, aber man erhält keinerlei praktische Anleitung, wie man denn nun die Veränderung des Aufsatzes am einfachsten herbeiführen kann. Ich weiß noch, dass ich mich damals über weite Strecken schlichtweg „gezwungen" habe, mit dem flachen Fuß aufzusetzen, nachdem ich angefangen hatte, mich mit der Lauftechnik zu beschäftigen. Das war sehr mühsam – vor allem für den Kopf – und verleidete mir eine Zeitlang regelrecht das Laufen.

Aus Erfahrung weiß ich, dass nicht wenige Läufer gar nicht spüren, welcher Teil ihres Fußes zuerst den Boden berührt. Viel leichter kann man es sich machen, wenn man zunächst 2 recht einfache Faktoren berücksichtigt, die automatisch dazu

> **ICH MOTIVIERE MICH ZUM LAUFEN**
> „… weil ich dabei wunderbar vom **Alltag abschalten** kann. Ich genieße die **Natur** und die frische Luft. Für mich bedeutet Laufen, **Zeit** für mich zu haben und **Freiheit** zu genießen."
> Kerstin Schmidt

führen (können), dass man auf dem flachen Fuß landet. Dies geschieht zum einen über

✚ die Schrittfrequenz

und zum anderen über

✚ die Körpervorlage.

Der dritte Erfolgsfaktor ist die regelmäßige Lauftechnik-Schulung mittels

✚ Lauf-ABC

durch die man den Laufstil schult und die dazugehörige Läufer-Muskulatur stärkt.

Die optimale Schrittfrequenz

Weißt du, wie viele Schritte du im Schnitt pro Minute während des Laufens zurücklegst? Nein? Dann lass uns zunächst prüfen, mit welcher Schrittfrequenz du derzeit unterwegs bist.

Wähle deine übliche Laufgeschwindigkeit, lass einen Laufpartner die Zeit stoppen, und zähle für 15 Sekunden jeden einzelnen deiner Schritte. Hast du ein Ergebnis? Dann nimm diese Zahl nun mal 4. Welche Zahl kommt dabei heraus?

Schritte 15 Sekunden	Schritte pro Minute
35	140
36	144
37	148
38	152
39	156
40	160
41	164
42	168
43	172
44	176
45	180
46	184

Step 2: Einfach (!) leichter Laufen – welche ist die für dich optimale Lauftechnik?

Die Zahl, die du nun erhältst, ist deine Schrittzahl pro Minute. Mit 40 Schritten für 15 Sekunden legst du beispielsweise 160 Schritte pro Minute zurück.

Aber was sagt das aus – und ist das auch genug? Verschiedene Trainer sagen, dass man mindestens 180 Schritte pro Minute absolvieren sollte – egal, in welchem Tempo. Es gibt andere Trainer, die mittels einer Formel die Schrittfrequenz anhand der Körpergröße und der Geschwindigkeit definieren. Als Beispiel: Bei einer Größe von 1,73 Metern müsste ich bei einer Geschwindigkeit von 6 min/km demnach eine Frequenz von 169 Schritten laufen, bei 5:27 min/km 171 Schritte. In der Realität fühlt sich dies für mich sehr schwerfällig an und erst bei einer Frequenz ab 174 Schritten spüre spüre ich bei dieser Geschwindigkeit eine gewisse Leichtigkeit. Das heißt, obwohl mir eine gewisse Anzahl als ideal empfohlen wurde, habe ich es anders empfunden, und die Schrittfrequenz ist am Ende doch auch etwas sehr Individuelles.

Als Richtgröße für dein Training empfehle ich dir, dich bei einem „normalen" moderaten Tempo langfristig zwischen 170 und 180 Schritten einzupendeln. Liegst du bei 168 und fühlst dich dabei wohl, ist das auch super. Wenn du schneller unterwegs bist, wirst du sogar automatisch mehr Schritte machen. Die Frage ist nur – warum solltest du die Schrittfrequenz erhöhen, und was hast du dann davon?

Wie zuvor beschrieben, möchte ich erreichen, dass du langfristig gesehen mit dem flachen Fuß aufkommst – aber auch, dass du ökonomischer, kraftsparender und leichter zu laufen lernst. Das erreichst du mit einer Erhöhung deiner Schrittfrequenz. Ein gutes Beispiel bietet hier der Radsport: Um Kraft zu sparen, fahren Profiradfahrer im Peloton nicht mit einem dicken Blatt, sondern pedalieren locker in einem kleinen Gang und mit einer hohen Trittfrequenz. Das hält die Beine frisch und spart Energie für den kommenden Anstieg oder die nächste Tempoverschärfung. Dieses Prinzip können wir auch aufs Laufen übertragen. Du möchtest ja locker und leicht laufen. Also empfehle ich dir, dafür einen „leichten Gang" mit hoher Frequenz zu wählen. Fährst du auf dem Rad immer in einem hohen Gang, wirst du recht bald feststellen, dass deine Beine schwer und schwerer werden. Steigst du vom Rad, sind diese total übersäuert und fühlen sich an wie Gummi. Genau das wollen wir vermeiden.

Laufen lieben lernen

Übung Schrittfrequenz

Die Frage ist jetzt, wie du die Schrittfrequenz erhöhen kannst, ohne ständig deine Schritte zählen oder auf deine Uhr oder App schauen zu müssen – vorausgesetzt natürlich, diese zeichnen die Schrittfrequenz überhaupt auf.

Mein Tipp: Lade dir eine kostenlose Metronom-App auf dein Smartphone. Ich nutze hierfür zum Beispiel *„Metronome Beats"*. Diese App dient dir dann als Taktgeber. Das Prinzip kennst du vielleicht, wenn du ein Instrument spielst. Es gibt auch Laufuhren, die ein integriertes Metronom besitzen. Je nach Hersteller ist es jedoch so, dass nur jeder zweite Schritt per Ton oder Vibration angezeigt wird. Das finde ich äußerst ungünstig, da man mit der Zeit das rechte oder linke Bein extra betont – beziehungsweise ständig am Überlegen ist, welcher nun der zweite Schritt ist. Mit der App *„Metronome Beats"* kannst du dir jeden Schritt als Ton signalisieren lassen. Das macht das Ganze bedeutend einfacher.

Laufen mit Metronom

Perfekt wäre es, wenn du einen Mitläufer hättest, der die App bedient, während du dich ganz auf dich konzentrieren kannst.

- Bitte stelle die Schrittzahl zunächst so ein, dass du deinen Ursprungswert aus einer vorangegangenen Zählung wählst. Laufe so lange mit dieser Schrittzahl, bis du dich eingependelt hast. Ist das deine normale Frequenz? Fühlt sich diese vertraut an?

- Nun erhöhe die Schrittzahl der App um 2 Schläge. Laufe damit so lange, bis du dich damit wohl fühlst – aber mindestens 2 bis 3 Minuten. Danach erhöhst du um weitere 2 Schläge – immer so lange, bis du dich jeweils in den Takt eingegroovt hast. Bleibe jedoch stets in deiner Geschwindigkeit und werde NICHT schneller!

Step 2: Einfach (!) leichter Laufen – welche ist die für dich optimale Lauftechnik?

+ Wenn du bei 178/180 Schritten angekommen bist, wirst du bemerken, dass sich diese Frequenz in einem gemütlichen Trab womöglich sehr unkoordiniert anfühlt.

+ Gehe daher auf den letzten Wert zurück, der sich für dich gut angefühlt hat, und laufe ein paar Minuten damit. Spüre nun in dich hinein: Wie fühlt es sich an? Wie setzt du den Fuß auf? Wie verändert sich deine Körperhaltung?

+ Gehe nun auf deinen Ursprungswert zurück. Was spürst du nun? Was hat sich verändert?

+ Wechsele nun ein paar Mal zwischen deinem Wohlfühl- und deinem Ursprungswert hin und her. Was ist deine Erkenntnis daraus?

Wichtig!
Es gibt Menschen, die den Takt nicht spüren und kein Rhythmusgefühl besitzen. Menschen, die auch beispielsweise nicht tanzen können, weil sie Probleme haben, die Füße im Takt zu bewegen. In diesem Fall wirst du beim Arbeiten mit dem Metronom keinen Erfolg haben – da du wahrscheinlich nicht hören wirst, wann du einen Schritt setzen musst. Hier ist es hilfreicher, wenn du visuell den Takt hältst, indem du einen Laufpartner bittest, in einer bestimmten Schrittfrequenz vor dir her zu laufen. Orientiere dich dabei an seinem Schritt.

Was hat sich durch die Erhöhung der Schrittfrequenz verändert?

➡ Womöglich konntest du feststellen, dass sich durch die Erhöhung der Schrittfrequenz deine Schrittlänge verändert hat. Sie verkleinerte sich nämlich ganz automatisch. Ein Argument, das ich oft höre, ist: wenn ich diese kleinen Trippelschritte mache, dann bin ich ja langsamer, da ich nicht mehr die gleiche Wegstrecke in der selben Zeit zurücklegen kann. Lass uns dafür folgendes Rechenbeispiel wählen: Angenommen, du absolvierst derzeit 160 Schritte pro Minute mit einer Schrittlänge von 90 cm. Das wären 144 Meter pro Minute. Mit einer höheren Schrittfrequenz werden die Schritte gefühlt kleiner – wir nehmen dafür 85 cm – und eine Schrittfrequenz von 170. Nun legst du 144,5 Meter zurück, also sogar noch einen halben Meter mehr als zuvor.

- Da du nun mehr Schritte absolvierst, hast du nicht mehr so viel Zeit, deinen Fuß weit vor dem Körper aufzusetzen. Er landet nun automatisch mehr in Nähe des Körperschwerpunktes und womöglich gleichzeitig etwas flacher – ohne, dass du das bewusst im Kopf steuern musst.

- Sicher bemerkst du, dass sich eine hohe Schrittfrequenz etwas leichter anfühlt und die Rückkehr zur ursprünglichen Frequenz viel schwerfälliger und kraftintensiver ist? Achte dabei auch auf deine Körperhaltung. Ich stelle immer wieder fest, dass Läufer mit einer höheren Frequenz ihre Hüfte besser durchstrecken, während sie mit ihrer „normalen" Schrittzahl eher in sich zusammensacken und die Körperspannung verloren geht.

- Du hast womöglich mit deiner Ursprungsfrequenz das Gefühl, du klebst am Boden, und die höhere Frequenz lässt dich eher schweben? Das hat mit einer niedrigeren Bodenkontaktzeit zu tun, die deinen Laufstil bedeutend effektiver werden lässt. Zur weiteren Effektivität deines Laufstils trägt bei, dass sich durch die Erhöhung der Schrittfrequenz deine vertikale Bewegung minimiert – also wie hoch du bei jedem Schritt nach oben springst. Es gibt Läufer, die springen 10 Zentimeter und höher. Dadurch verpufft unnötig viel Kraft nach oben, die sie damit weniger in die Vorwärtsbewegung investieren können.

Fazit!
Je höher die Schrittfrequenz, desto niedriger die Bodenkontaktzeit und desto effektiver ist dein Laufstil. Er ist kraftschonender und schützt vor Verletzungen.

Wie erhöhe ich meine Schrittfrequenz im Training?

So banal die Antwort auch scheinen mag – viele Läufer wissen nicht, was sie tun müssen, um ihre Schrittfrequenz im Training zu erhöhen. Die meisten glauben, sie müssten nun einfach mehr Schritte machen. Aber an dieser Stelle möchte ich dir nochmal den Zusammenhang zwischen Armen und Beinen bewusst machen: Die Arme steuern

Step 2: Einfach (!) leichter Laufen – welche ist die für dich optimale Lauftechnik?

---

die Beine. Möchtest du die Schrittfrequenz erhöhen, genügt es, die Arme mit einer höheren Frequenz zu bewegen. Die Beine werden sich dann automatisch diesem Takt anpassen. Probiere es einfach mal aus!

Aber bitte versuche jetzt nicht, dauerhaft eine höhere Schrittfrequenz zu laufen, sondern gewöhne deinen Körper langsam daran. Du wirst spüren, dass durch den veränderten Fußaufsatz auch andere Muskeln beansprucht werden, z.B. die Fuß- und Wadenmuskulatur. Diese brauchen Zeit, um die Bewegung zu adaptieren. Daher rate ich dir, deine Schrittfrequenz im ersten Schritt um 1 oder maximal 2 Schritte pro Minute zu erhöhen. Laufe damit so lange (mindestens 1 bis 2 Wochen), bis du dich damit wohl fühlst und bereit bist, eine weitere Erhöhung vorzunehmen. Fühlt sich irgendwann die weitere Erhöhung deiner Schritte unrund an, dann hast du deinen Wohlfühl-Bereich für dein Wohlfühl-Tempo gefunden. Möchtest du dann irgendwann schneller laufen, wirst du automatisch deine Schrittzahl erhöhen.

Beispiel für eine Technik-Laufeinheit Arme/Schrittfrequenz für ca. 45 Minuten

- 5-10 Minuten eingehen oder locker einlaufen
- 5 Minuten Übungen zur Armhaltung – immer wieder Fehlhaltungen einbauen, um zu sehen, wie deine Beine und die Hüfte darauf reagieren und zwischen Fehlhaltungen und guter Armhaltung abwechseln
- 3 Minuten locker gehen oder laufen – einfach nur genießen
- 5 Minuten Schrittfrequenzübung mit dem Metronom – teste verschiedene Schrittfrequenzen. Welche ist für dich angenehm: 168/170/172/174/176 Schritte pro Minute? Und gehe dann nochmal zurück auf deinen Anfangswert.
- 3 Minuten locker gehen oder laufen – ohne Metronom
- 3x 2 Minuten mit Metronom – wähle nun die Stufe, in der du dich wohl fühlst. Dazwischen 2 Minuten ohne Metronom – kannst du die Schrittfrequenz halten?
- 5-10 Minuten ganz locker ausgehen oder auslaufen – und dehnen

Körpervorlage – nutze die Schwerkraft für dich

Ein guter Laufstil sollte vor allem eines sein: effizient. Wenn du mit möglichst wenig Kraftaufwand möglichst lange und schmerzfrei laufen möchtest, ist deine Laufhaltung etwas ganz Essentielles.

Die optimale Körperhaltung – erneut zur Wiederholung

- Aufgerichteter Rücken
- Kopf gerade
- Blick 5-10 Meter nach vorne auf den Boden
- Arme möglichst nah am Körper
- Arme schwingen von vorne nach hinten
- Schultern in einer Linie
- Mit dem Herzen voran

Es gibt einen weiteren Baustein, den du einfügen kannst, um leichter zu laufen und – wir sind ja immer noch beim Thema Fußaufsatz – den Fuß flacher aufzusetzen – nämlich, dir die Schwerkraft zunutze zu machen.

Übung Schwerkraft

Bitte hüpfe mit beiden Beinen ganz locker auf der Stelle. Nach 30 Sekunden lehnst du deinen Oberkörper leicht nach vorne. Spürst du, was dadurch passiert? Richtig! Du bewegst dich automatisch nach vorne. Obwohl du deinen Beinen nicht aktiv den Befehl dafür gegeben hast, sich vorwärts zu bewegen. Dies geschieht nun ganz alleine durch die Anziehung der Schwerkraft. Indem du diese für dich nutzt, bewegst du dich wie automatisch nach vorne. Und dieses Prinzip kannst du auch beim Laufen für dich einsetzen.

In diesem Zusammenhang gibt es die Aussage: „Laufen ist nichts anderes als kontrolliertes Fallen". In der Theorie heißt das, dass du dich im Stand so lange mit geradem Körper nach vorne lehnst, bis du den ersten Schritt machen musst, um nicht hinzufallen. Probiere das gerne mal aus.

Step 2: Einfach (!) leichter Laufen – welche ist die für dich optimale Lauftechnik?

Links siehst du eine aufrechte Körperhaltung; rechts mit Körpervorlage.

Nutze die Schwerkraft, damit du dich ohne Anstrengung vorwärts bewegen kannst. Das funktioniert beim Laufen durch eine Körpervorlage. Bitte führe diese aber immer mit geradem Rücken aus – indem du dich mit der Brust gegen den Wind lehnst! Beachte auch, dass es sich hierbei ausdrücklich „nicht" um ein Abknicken im Becken handelt. Das ist ganz wichtig! Die Vorlage soll Experten zufolge etwa 4 bis 8 Grad betragen. Aber wer weiß schon beim Laufen, um wie viel Grad es sich gerade handelt...

Übungen Körpervorlage

✚ Stehe gerade vor einer Wand, lasse dich leicht dagegen fallen und stütze dich dabei mit beiden Händen ab. Wie fühlt sich dein Becken an? Ist es stabil? Gerätst du automatisch ins Hohlkreuz? Wenn ja, versuche, deine Körpermitte zu stabilisieren. Bleibe nun mit den Fersen am Boden, und wiederhole die Übung erneut. Achte auch hier auf die Stabilität deiner Hüfte. Bitte vermeide ein Abknicken in der Hüfte! Tipp: Beckenboden aktivieren. Das minimiert die Hohlkreuzbildung und erhöht die Stabilität.

✚ Laufe nun auf flacher Strecke in verschiedenen Körpervorlagen, und komme immer wieder zur ursprünglichen, geraden Laufhaltung zurück. Was spürst du? Achte darauf, wie sich dabei dein Fußaufsatz und womöglich auch die Geschwindigkeit verändert. Wenn du bei der Körpervorlage ins Straucheln gerätst, dann ist der Grad der Vorlage zu extrem. Lehne dich auch mal nach hinten, damit du siehst, wie das deinen Lauffluss bremst.

Finde die für dich perfekte Vorlage, in der du sicher läufst und dich dem Tempo entsprechend wohlfühlst. Je mehr du dich nach vorne lehnst, desto schneller wirst du automatisch laufen. Bleibe aber in deinem Wohlfühl-Tempo. Denn im Umkehrschluss heißt das auch, dass du mit Vorlage, in einem lockeren Tempo, einfach kraftsparender laufen kannst. Daher genügt es, eine leichte Vorlage zu wählen, so dass du die positiven Aspekte spürst, jedoch nicht ins Hecheln kommst.

Step 2: Einfach (!) leichter Laufen – welche ist die für dich optimale Lauftechnik?

+ Eine gute Möglichkeit, um die Körpervorlage zu üben, ist zudem, eine leichte Steigung hinaufzulaufen. Hier fällt es vielen leichter, sich nach vorne zu lehnen. Achte beim Bergauflaufen auf eine hohe Schrittfrequenz und einen verstärkten Armeinsatz.

+ Sehr effektiv ist hierfür auch das Laufen mit einem Zugseil oder Resistance Band (auch mit Reifen, Sprintschlitten oder Sprintfallschirm), um in das Gefühl der korrekten Vorlage zu kommen. Wichtig ist, dass du das Zugseil um deine Hüfte legst, damit du dort die nötige Stabilität spürst. Laufe für eine kurze Strecke im Zugseil (100 bis 200 Meter), das dein Laufpartner von hinten hält, und achte auf deine Körperhaltung. Wie verändert sich dabei dein Laufstil? Was ist nun wichtig, um gut vorwärts zu kommen? Geht es leichter, wenn du dich leicht nach vorne lehnst – oder in gerader, aufrechter Position bleibst? Dann laufe die gleiche Strecke ohne Widerstand, und genieße das Gefühl des Flows. Wiederhole die Übung mehrmals. Spüre dabei auch, wie wichtig die Armarbeit ist. Laufe mal mit starren, neben dem Körper gehaltenen Armen, mit hängenden Armen, mit einer Armarbeit vor dem Körper. Was verändert sich? Wie hoch ist der Kraftaufwand dafür?

Eine gute Möglichkeit, die Körpervorlage zu trainieren, ist das Laufen mit einem Zugseil oder Resistance Band.

Laufen lieben lernen

+ Natürlich hat man nicht immer einen Laufpartner dabei, der einen im Zugseil halten könnte. In diesem Fall gibt es folgende Übung: Laufe auf einer flachen (und sicheren) Strecke für wenige Meter rückwärts (20 bis 50 Meter). Dann drehe dich um, und laufe wieder vorwärts. Spüre, wie du durch den ungewohnten Bewegungsablauf des Rückwärtslaufens vorwärts ganz automatisch in eine leichte Vorlage gehst. Wie fühlt sich das an?

+ Alternativ: Lehne dich, wie zuvor beschrieben, mit geradem Körper mit den Händen an eine Wand und laufe für ein paar Sekunden (10 bis 20 Sekunden) auf der Stelle (Foto S. 116 rechts). Nun lasse die Wand los und laufe 100 Meter auf einer flachen Strecke. Merkst du, dass du auch hier automatisch in eine Vorlage gehst, die du für den Vortrieb nutzen kannst?

Ganz wichtig!
Bitte übertreibe die Übungen zur Körpervorlage nicht, und füge sie behutsam in dein Training ein. Denn insbesondere die Muskeln auf der Körperrückseite – unterer Rücken, Po, Rückseite Oberschenkel und Waden – müssen sich zunächst langsam an die neue Laufhaltung gewöhnen.

Step 2: Einfach (!) leichter Laufen – welche ist die für dich optimale Lauftechnik?

Links: Körperhaltung von Freizeitläufern – eine Läuferin mit leichter Rücklage. Rechts: Körpervorlage von Philipp Pflieger, einer der derzeit besten deutschen Marathonläufer.

Beispiel einer Technik-Laufeinheit Körpervorlage für ca. 45 Minuten

- 5-10 Minuten eingehen oder -laufen
- 3 Minuten: Laufe mit Körpervorlage auf flacher Strecke – probiere verschiedene Vorlagen im Wechsel
- 3 Minuten: locker gehen oder laufen
- 3 Minuten: Laufe mit der Körpervorlage an einer leichten Steigung oder Brücke (achte darauf, dass du nicht in der Hüfte abknickst)
- 3 Minuten: locker gehen oder laufen
- 20–50 Meter rückwärts laufen, umdrehen und 100 Meter vorwärts laufen (3-5x im Wechsel)
- 3 Minuten: locker gehen oder laufen
- 3x Wandübung: 10–20 Sekunden mit den Händen an der Wand abgestützt auf der Stelle laufen, loslassen und 100 Meter flach laufen
- 5-10 Minuten ausgehen oder -laufen und dehnen

Laufen lieben lernen

> **ICH MOTIVIERE MICH ZUM LAUFEN**
> „… oft mit den Worten: **nur für 10 min**, nur einmal um den Block, **Hauptsache raus.** Und am Ende bin ich dann doch richtig unterwegs gewesen."
> *Maruschka Weber*

Bitte beachte!
Jede Umstellung des Laufstils braucht Zeit, damit sich dein Kopf und vor allem deine Muskulatur langsam (!) daran gewöhnen können. Versuche nicht, 45 Minuten am Stück mit neuer Armhaltung, hoher Schrittfrequenz oder Körpervorlage zu laufen – auch das birgt Verletzungsgefahren, solange sich deine Muskulatur noch nicht darauf eingestellt hat. Gib deinem Körper Zeit, und lege beispielsweise 1 Mal pro Woche eine Technik-Einheit ein. Zerpflücke auch die Technikeinheiten, wie vorher beschrieben. Versuche anfangs nicht, in einer Einheit alles unterzubringen, sondern separiere die Technikübungen. In einer Laufeinheit achtest du auf die Arme, in der nächsten Einheit auf die Schritte und in einem dritten Training auf die Vorlage. Du wirst sehen, dass dein Körper mit der Zeit ganz allmählich alle Bausteine automatisch zusammensetzt.

Krafttraining für einen effektiveren Laufstil

Je gestärkter deine Muskulatur ist, desto besser kannst du laufen. Wichtig ist insbesondere, dass du über eine gute Rumpfstabilität verfügst, eine starke Beinmuskulatur hast und deine Hüfte beim Laufen stabil ist. Vor allem, wenn du leichter laufen und dabei mit einer Körpervorlage arbeiten möchtest oder auch irgendwann einfach mal schneller und längere Strecken laufen willst.

Viele Läufer vernachlässigen das Krafttraining. Laufen kommt vom Laufen, höre ich immer wieder. Doch das stimmt so nicht ganz. Denn eine kräftige – und gedehnte – Muskulatur kommt dem Laufstil zugute und ist die beste Verletzungsprävention. Dabei reicht es

Step 2: Einfach (!) leichter Laufen – welche ist die für dich optimale Lauftechnik?

schon, wenn du 3x pro Woche etwa 15 bis 20 Minuten investierst, um die Laufökonomie zu verbessern und verletzungsfrei zu bleiben.

Viele Laufstilfehler entstehen aufgrund einer geschwächten Muskulatur. Vielleicht siehst du in deinem Laufvideo, dass du beim Laufen die Beine seitlich in kreisenden Bewegungen nach vorne bringst (sogenannte Circumduktion), mit einem Overcrossing läufst (d.h., du setzt deine Füße nicht parallel auf den Boden, sondern ganz „modellmäßig" voreinander), oder beim Laufen eine sitzende Position einnimmst. Für viele dieser Fehlhaltungen sind neben einem mangelhaften Laufstil eine Verkürzung der Muskulatur sowie fehlende Kraft verantwortlich - vor allem von Hüftbeuger, Po, Oberschenkel-Rückseite, Oberschenkel-Vorderseite sowie Abduktoren und Adduktoren.

Hast du eine starke Hüfte?

Alle Kraft beim Laufen kommt aus der Mitte - also der Hüft-, Becken- und Rumpfmuskulatur. Je stabiler und kräftiger diese ist, desto problemloser kannst du dich vorwärtsbewegen. So kannst du deine Hüftfunktionalität und -stabilität selbst prüfen:

Stelle dich gerade hin, stehe auf einem Bein, und halte das andere in einem Winkel von mehr als 90 Grad. Nun lasse das Knie los, und schaue, was passiert. Kannst du das Knie problemlos in genau dieser Position für mindestens 30 Sekunden halten? Oder sackt das Knie automatisch nach unten auf eine niedrigere Position?

Die Läufermuskulatur durch Krafttraining stärken

Du kannst die folgenden Übungen regelmäßig zuhause (z.B. abends vor dem Fernseher) oder auch im Rahmen eines Lauftrainings durchführen. Bitte beachte, dass es effektiver ist, mehrmals pro Woche für etwa 15 Minuten zu trainieren als nur einmal pro Woche für eine Stunde. Du kannst das Krafttraining natürlich auch ins Studio verlegen. Ich mische diese beiden Trainingsmöglichkeiten, denn ich mag auch das isolierte Training der einzelnen Muskelgruppen im Fitnessstudio. Aber bitte versuche, unnötigen Muskelzuwachs zu vermeiden. Deine Läufermuskulatur sollte stark und sehnig sein und nicht vor dicken Muskelbergen strotzen. Denn das wiederum bedeutet auch mehr Gewicht, das du zum einen mitschleppen, zum anderen auch zusätzlich mit Sauerstoff versorgen musst.

Warm-up: Wärme dich für 5 bis 10 Minuten gut auf (z.B. mit Laufen auf der Stelle, Rope Skipping oder Jumping Jacks). Suche dir aus meinen unten genannten Lieblingsübungen jeweils 5 aus, und absolviere jeweils 3 Sätze mit 10-15 Wiederholungen (pro Seite) – oder aber halte diese – bei statischen Übungen – für 30 Sekunden. Zwischen den Sätzen füge eine Pause von maximal 60 Sekunden ein, und bitte dehne dich im Anschluss.

Bitte führe alle Übungen langsam, ohne Schwung mit geradem Rücken und Körperspannung aus. Zum Krafttraining benötigst du im Prinzip keine Hilfsmittel. Ich nutze jedoch für manche Übungen ein Fitnessband oder Kettlebells.

Meine Top-Übungen zur Kräftigung der Läufermuskulatur

- Seitliches Beinheben stehend (Side Leg Raises); ggf. mit Fitnessband
- Beinheben vorne (Standing Knee Raises); ggf. mit Fitnessband
- Rückwärtiges Beinheben im Stehen; ggf. mit Fitnessband
- Monster Walk (10-15 Schritte seitlich/vorne/hinten)
- Squats / Jump Squats
- Ausfallschritt (Lunges)
- Standwaage (gerade Hüfte, nicht verdrehen)
- Ausfallschritte zur Seite (Side Lunges)
- Clamshell
- Wadenheber stehend (an der Treppe – beidbeinig oder einbeinig)

Weitere Infos zu den Übungen: www.laufen-lieben-lernen.de

Step 2: Einfach (!) leichter Laufen – welche ist die für dich optimale Lauftechnik?

Oben: Beinheben (zur Seite, nach hinten, nach vorne). Mitte: Squats (Monster Walk: in dieser Position seitlich, nach vorne, nach hinten), Ausfallschritt, Standwaage. Unten: Side Lunges, Clamshell, Wadenheber stehend.

Meine Top-Übungen für eine starke Mitte

- Liegestütze (ggf. auf den Knien)
- Planks
- Seitstütz
- Brücke (statisch – für einige Sekunden halten)
- Marching Bridge (dynamische Brücke)
- Beinheber liegend
- Käfer (Criss Cross)
- Russian Twist (ggf. mit Kettlebell)

Weitere Infos zu den Übungen: www.laufen-lieben-lernen.de

Oben: Plank, Brücke, Marching Bridge. Mitte: Rücken diagonal, Seitstütz, Käfer. Unten: Beinheber liegend, Russian Twist, (Frauen-)Liegestütze.

Step 2: Einfach (!) leichter Laufen – welche ist die für dich optimale Lauftechnik?

> Vielleicht hast du ja auch deine ganz persönlichen Lieblingsübungen. Dann ergänze meine Trainingsvorschläge – denn je vielfältiger du trainierst, desto besser. Deiner Fantasie sind dabei keine Grenzen gesetzt.

Lauf-ABC: Die Lauftechnik erlernen

Ich weiß, das Lauf-ABC ist bei bei vielen Läufern verpönt. Was soll dieser Schnickschnack? Früher, in den 80ern, sind wir doch auch einfach nur gelaufen! – denken viele. Doch die Erfahrung zeigt: Je stärker und stabiler deine Läufermuskulatur ist und je besser deine Koordination, desto leichter und sicherer wirst du dauerhaft laufen können – und desto besser ist dein Laufstil.

Oftmals ist es viel effektiver, eine weitere 60-Minuten-Laufeinheit durch ein 30-minütiges Techniktraining zu ersetzen. Der Körper kommt aus dem Trott, erhält neue Impulse, wird kräftiger, wendiger und lernt immer mehr, die richtigen Muskeln beim Laufen einzusetzen.

Die Übungen des Lauf-ABCs sind übertriebene Ausführungen der Lauftechnik, die dem Körper jedoch zeigen, welches Bewegungsmuster er beim alltäglichen Laufstil in gemäßigter Form umsetzen soll. Wer regelmäßig ein Lauf-ABC einbaut, lernt nicht nur, leichter zu laufen, sondern die Abläufe werden dadurch auch effektiver, und der Körper lernt, den Fußaufsatz unter dem Körperschwerpunkt zu platzieren.

Lauf-ABC in der Gruppe macht noch mehr Spaß.

Wozu dient das Lauf-ABC?

- Stärkt die Laufmuskulatur (Fuß- und Wadenmuskulatur, Beine und Hüfte) und die Gelenke (insbesondere Sprunggelenk)
- Schult die Lauftechnik
- Verbessert die Koordination
- Steigert die Reaktionsfähigkeit (z.B. beim Trailrunning)
- Hilft, Verletzungen vorzubeugen
- Stärkt die Koordination zwischen linkem und rechtem Bein
- Fördert den Fußaufsatz unter der Hüfte
- Minimiert die Bodenkontaktzeit

Viele Läufer meiden das Lauf-ABC. Zum einen wissen sie nicht, wie es richtig funktioniert, zum anderen ist es anstrengend, und viele schämen sich auch, vor Publikum die Übungen auszuführen. Wenn es dir ebenso unangenehm ist, dann suche dir ein ruhiges Plätzchen, wo du dich ganz auf dich konzentrieren kannst – oder eine Laufgruppe, in der ihr gemeinsam die Übungen durchführen könnt. Du wirst sehen: Bist du erst mal dabei, dann macht es richtig Laune. Hast du Kinder im Kindergarten- oder Grundschulalter? Dann lass sie an den Übungen spielerisch teilhaben. Du wirst sehen, sie haben einen Heidenspaß daran.

Ablauf eines Lauf-ABC-Trainings

Bitte laufe dich vor dem Lauf-ABC für mindestens 10 bis 15 Minuten gut ein. Wenn du die Übungen zuhause (z.B. im Garten) absolvieren möchtest, dann marschiere oder laufe eine Zeitlang auf der Stelle (oder, falls vorhanden, fahre auf einem Ergometer), springe danach mehrere Minuten locker Seil oder absolviere 3x 10 Jumping Jacks mit einer kurzen Pause dazwischen.

Markiere dir nun eine Strecke von 10 bis 15 Metern. Das genügt vollkommen für den Anfang. Wähle 4 bis 8 Übungen aus den folgenden Lauf-ABC-Übungen aus, die je 3 Mal sauber ausgeführt werden. Alle Übungen werden auf dem Fußballen absolviert und mit einem geraden Rücken.

Führe deine gewählte Übung nun für 10 bis 15 Meter durch, und laufe oder gehe zwischen den Übungen die Strecke locker wieder zurück. Nutze dies jeweils als kurze Verschnaufpause.

Step 2: Einfach (!) leichter Laufen – welche ist die für dich optimale Lauftechnik?

Wichtig!
Es kommt bei den Lauftechnikübungen nicht auf die Geschwindigkeit an, sondern vielmehr auf die korrekte Ausführung!

Lauf-ABC-Übungen für Beginner

Name der Übung	Nutzen
Fußgelenksarbeit	Übung zur Mobilisierung des Sprunggelenks, Stärkung der Fußmuskulatur
Storchengang	Kniehub = Knie aktiv nach oben drücken
Greifende Bewegung	Kniehub, Aktivierung der Hüfte, Fußaufsatz
Skippings (mittlerer Kniehub – auch nur mit einem Bein)	Kniehub, Aktivierung Hüftbeuger, Vorderseite Oberschenkel
Kniehebelauf (hoher Kniehub)	Kniehub, Aktivierung Hüftbeuger, Vorderseite Oberschenkel
Anfersen (Ferse an den Po – auch nur mit einem Bein)	Aktivierung Hüftstrecker, Rückseite Oberschenkel
Tip Tap (mit nach vorne gestrecktem Bein)	Fußaufsatz
Hopserlauf (locker und hoch)	Sprungkraft
Seitlauf (mit Armbewegung)	Seitliche Hüftstabilität
Überkreuzlauf (normal und mit hohem Knie)	Seitliche Hüftstabilität / Kniehub
Sprunglauf	Aktivierung Hüftstrecker, Abdruck nach hinten
Rückwärtslauf	Koordination

Sieh dir hierzu das Lauf-ABC-Video auf meiner Website an:
 www.laufen-lieben-lernen.de

Zusatzübungen für mehr Abwechslung im Lauf-ABC

- Wechselspiel von beiden Seiten
  - z.B. rechts Skippings, links Anfersen
- Abwechslung der Frequenzen
- Kurze Sprints am Ende der Übungen

Laufen lieben lernen

Beispiele für Variationen
(immer im Wechsel mit 20 Meter Trabpause dazwischen)

Ziel dieser Übungen ist es, den Körper an ein schnelles Umschalten zu gewöhnen und dadurch die Koordination intensiver zu schulen.

- 10 Meter Skippings, 10 Meter Anfersen = danach Trabpause
- 10 Meter Anfersen, 10 Meter Kniehebelauf = danach Trabpause
- 10 Meter einbeinige Skippings rechts, 10 Meter einbeinige Skippings links = danach Trabpause
- 10 Meter einbeiniges Anfersen links, 10 Meter einbeiniges Anfersen rechts = danach Trabpause
- 10 Meter rechts Skippings und links anfersen, 10 Meter umgekehrt (mit und ohne Zwischenschritt) = danach Trabpause
- 10 Meter Tip Tap, 10 Meter Hopserlauf = danach Trabpause
- 10 Meter Tip Tap langer Schritt, 10 Meter Tip Tap hohe Frequenz = danach Trabpause

Eine andere Möglichkeit ist es, das Lauf-ABC in deinen Lauf zu integrieren: Gut einlaufen, 15 Meter Fußgelenksarbeit, 100 Meter locker laufen, 15 Meter Storchengang, 100 Meter locker laufen, 15 Meter Skippings und so weiter. Am Ende auslaufen und dehnen.

Wie kann ich alternativ meine Koordination schulen?

Um deine Koordination im Lauftraining zu verbessern, kannst du auch die sogenannte Agility Ladder (Koordinationsleiter) nutzen. Ein tolles Trainingsgerät zur Steigerung der Beweglichkeit, Ausdauer und Körperkontrolle. Für diese Trainingseinheit solltest du dich zunächst gut aufwärmen, danach folgen diverse Übungen an der Leiter. Alle Übungen werden auf dem Fußballen ausgeführt. Um den Anspruch zu erhöhen, kannst du die Schnelligkeit der Übungen steigern und die Pausenzeiten zwischen den Durchgängen minimieren.

Bist du schon ein wenig versierter, kannst du durch das Einlegen eines kurzen Sprints (10 Meter) am Ende der Leiter die Reaktionsschnelligkeit, die Flexibilität und das Umdenken während des Laufs verbessern. Doch Vorsicht: Nach dem Sprint nicht abrupt abbremsen, sondern locker auslaufen.

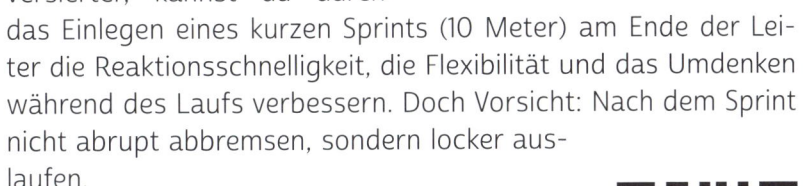

Bei den Übungen an der Agility Ladder sind deiner Kreativität keine Grenzen gesetzt. Rechts findest du ein Video zu den verschiedenen Trainingsmöglichkeiten. Bitte beginne zunächst mit den Anfänger-Übungen.

Wie laufe ich kraftschonend im hügeligen Profil?

Gehörst du auch zu den Läufern, die Probleme haben, leichte Steigungen zu bewältigen? Berghoch bist du viel zu schnell außer Atem, und beim Bergablaufen schmerzen dir die Knie? Bevor du anfängst, dich über jedes hügelige Profil zu ärgern, probiere es doch einfach mal mit der folgenden Lauftechnik:

Berghoch

Die meisten Läufer nehmen eine Steigung mit vollem Energieeinsatz: In Riesenschritten eilen sie den Berg hinauf und wählen dafür die gleiche Frequenz, in der sie zuvor auf flacher Strecke gelaufen sind. Das kostet jede Menge Kraft. Oben angekommen ist die Muskulatur völlig übersäuert, und es braucht Zeit, bis sich ein entspannter Atemrhythmus wiederfindet.

Halte kurz inne: Was machst du ganz automatisch, wenn du mit dem Rad eine Steigung bewältigen möchtest? Richtig! Du wählst einen leichteren Gang, mit dem du den Berg mit höherer Trittfrequenz „locker" hoch pedalieren kannst. Übertrage das aufs Laufen. „Schalte" einen Gang runter, und mache kleinere Schritte mit einer höheren Schrittfrequenz. Dieser „Trippelschritt" ist vor allem eines: kraftsparend – und bewahrt dich vor einer Übersäuerung der Muskulatur. Lehne dich zusätzlich ganz leicht in die Steigung hinein, und arbeite verstärkt mit den Armen. Achte auch darauf, dass dein Kopf gerade bleibt und du das Kinn nicht Richtung Brust senkst. Dann nämlich schneidest du dir selbst die Luftzufuhr ab, die du bei einer Steigung jedoch umso mehr benötigst. Ist der Aufstieg extrem steil, dann laufe in Serpentinen den Berg hinauf, vorausgesetzt, du hast genügend Platz dafür.

Suche dir auf deiner Laufstrecke eine leichte Steigung und teste folgende Versionen:

- Laufe mit bewusst großen Schritten.
- Laufe mit großen Schritten und gesenktem Kopf.
- Laufe mit kleinen Schritten und einer hohen Schrittfrequenz – der Kopf bleibt gerade.
- Lehne dich nun leicht in die Steigung hinein.
- Laufe beide Versionen mit und ohne Armeinsatz.

Step 2: Einfach (!) leichter Laufen – welche ist die für dich optimale Lauftechnik?

Was spürst du? Wann fällt es dir leichter, die Steigung zu bewältigen? Und mit welcher Technik hast du leichtere Beine, wenn du oben angekommen bist?

Eine alte Ultraläufer-Weisheit lautet: „Gehe, wenn du den Gipfel eines Berges nicht siehst". Ist die Steigung so lang, dass du nicht absehen kannst, wie weit der Weg nach oben noch ist, dann verfalle in ein strammes Gehen. Das ist nicht bedeutend langsamer als das Laufen und spart dir zudem wichtige Körner für den Rest der Strecke. Ich weiß noch, wie ich mich bei meinem ersten 100 Kilometer-Lauf in Biel wunderte, dass alle Läufer um mich herum bereits an der ersten Steigung in einen Gehschritt verfielen. Dabei waren wir nicht mal 5 Kilometer unterwegs. „Ich gehe doch jetzt noch nicht", dachte ich überheblich und trabte leichtfüßig an den anderen vorbei. Doch die Steigung war zäh, und nur wenige Kilometer später hatte sich das Blatt sehr schnell gewendet. Vom ständigen Auf und Ab waren meine Beine mehr beansprucht, als es mir lieb war. Dabei lagen noch knapp 90 Kilometer vor mir. Ich kapitulierte und schloss mich der Strategie der erfahrenen Läufer an. Gott sei Dank! Denn nur so konnte ich am Ende tatsächlich das Ziel erreichen.

> **DURCH DAS LAUFEN BIN ICH**
> „… *ausgeglichener geworden – denn nichts macht den* **Kopf freier** *und richtet dabei den* **Fokus** *auf die* **wesentlichen Dinge**."
> *Doreen Beyer*

Bergab

Geht es bergab, dann bremsen die meisten Läufer instinktiv ab und lehnen sich mit dem Oberkörper nach hinten. Dabei schieben sie die Füße weit nach vorne und „stampfen" den Abstieg mit den Fersen voran nach unten. Das ist eher ungünstig. Zum einen wird der Laufluss abgebremst, indem man sich nach hinten lehnt. Zum zweiten wird der Aufprall mit der Ferse abgefedert – und wie zuvor schon erläutert, geht das mit voller Wucht auf deine Gelenke und äußert sich beim Bergablaufen oft unmittelbar mit Knieschmerzen.

Laufen lieben lernen

Wie man eine Steigung bergab bewältigt, kommt auch immer auf die Beschaffenheit des Abstiegs an. Wie steil ist der Berg und wie dessen Untergrund (ist es ein Trail, rutschig oder asphaltiert)? Handelt es sich um einen leichten Abstieg (beispielsweise um eine Brücke), dann versuche folgende Technik: Verlagere deinen Körperschwerpunkt minimal nach unten, halte die Arme etwas tiefer, gehe leicht in die Knie, halte den Kopf gerade, und lehne dich mit dem Körper sachte nach vorne in den Abstieg hinein. Versuche nun, mit einem flachen Fußaufsatz den Weg hinunter zu „rollen" – ganz ohne Krafteinsatz. Wähle eine Schrittfrequenz, die zum Abstieg passt. Je weiter du dich nach vorne lehnst, desto weniger wirst du über die Ferse laufen (können). Spüre, wie nun deine Muskulatur (und nicht die Gelenke) jeden Schritt abfedert.

Ist der Abstieg zu steil, dann verlagere ebenso den Schwerpunkt nach unten, und laufe in Serpentinen den Berg hinab. Ist der Abstieg im Gelände oder rutschig, dann reduziere die Geschwindigkeit, wähle kleine Schritte, sei stets konzentriert und vorausschauend, so dass du jeden Stein und jede Wurzel wahrnehmen und ohne Sturz bewältigen kannst.

Laufe nun einen leichten Abstieg, und teste folgende Versionen:

- Laufe mit leicht nach hinten geneigtem Oberkörper.
- Verlagere nun deinen Körperschwerpunkt nach unten, halte die Arme etwas tiefer.
- Lehne dich leicht nach vorne, und setze deine Füße bewusst flach auf.
- Laufe in Serpentinen.

Was spürst du? Wann fällt es dir leichter, den Abstieg zu bewältigen? Wie fühlen sich deine Knie an? Und mit welcher Technik fällt es dir leichter und bist du eventuell sogar schneller?

Step 2: Einfach (!) leichter Laufen – welche ist die für dich optimale Lauftechnik?

Keine Ausrede mehr: So klappt's auch mit dem Babyjogger

Achte auf eine aufrechte Laufhaltung.

Ich weiß, das Laufen mit Babyjogger ist unbequem, stört den Laufffluss und kostet Kraft, doch oftmals ist es auch die einzig praktische Lösung, um mit Kleinkindern sportlich in Bewegung zu bleiben – noch dazu ist es eine wunderbare Auszeit für dich, denn die meisten Kids lieben es, durch die Natur gefahren zu werden.

Wenn du mit Babyjogger laufen möchtest, solltest du dich für einen speziellen Laufkinderwagen entscheiden, der über eine gute Federung und Handbremse verfügt, sich sehr gut lenken und leicht schieben lässt – auch wenn der Untergrund mal etwas holprig wird. Als sinnvoll hat sich erwiesen, wenn du das Vorderrad fixieren kannst, außerdem sollten die Räder nicht aus Plastik bestehen, sondern aus einer Bereifung mit Schlauch und Mantel – hierfür auf keinen Fall das Flickzeug vergessen, wenn du unterwegs bist.

Laufen lieben lernen

Stelle den Schiebebügel auf deine Körpergröße und Schrittlänge ein – ideal ist es, wenn sich der Griff auf Bauchnabelhöhe befindet. Für das Laufen mit Kinderwagen wird ein Kindesalter von mindestens 12 Monaten empfohlen. Davor könnten Rücken und Wirbelsäule durch die dauerhafte Erschütterung Schaden nehmen, da die Muskulatur noch nicht entsprechend ausgebildet ist. Auch die Zeit deiner Rückbildung solltest du natürlich berücksichtigen. Laut Expertenmeinung kann jedoch ab 9 Monaten nach der Geburt allmählich wieder mit dem Laufen begonnen werden.

Wichtig ist, dass du dich langsam an das Laufen mit Kinderwagen gewöhnst. Also nicht gleich eine Stunde unterwegs sein, sondern zunächst nur während des Spazierengehens immer mal wieder für ein paar Minuten in einen lockeren Laufschritt verfallen. So kann sich auch dein Körper nach einer – mit Sicherheit – längeren Laufpause wieder an die sportliche Belastung gewöhnen.

Immer genügend Verpflegung & Spielzeug einpacken.

Step 2: Einfach (!) leichter Laufen – welche ist die für dich optimale Lauftechnik?

Achte beim Laufen mit dem Babyjogger vor allem auf eine korrekte und aufrechte Laufhaltung. Mindestens ein Arm sollte immer am Griff des Wagens bleiben, während der andere möglichst effektiv Schwung holen kann. Dabei ist es ratsam, die Arme immer mal wieder zu wechseln, um keine Fehlbelastung zu kassieren. Kraftsparend ist zudem, auf allzu unwegsame Untergründe zu verzichten und gerade zu Beginn auf Asphaltstrecken zu laufen. Auch kurvenreiche Strecken erschweren das Schieben. Bist du auf einer geraden, ebenen, sicheren und gut einsehbaren Strecke unterwegs, kannst du den Wagen auch mal leicht anschubsen, so dass du frei laufen und mit beiden Armen schwingen kannst.

Ganz wichtig: Möchtest du mal etwas länger unterwegs sein, denke unbedingt an genügend Essen, Getränke und Unterhaltungsutensilien für deinen Nachwuchs!

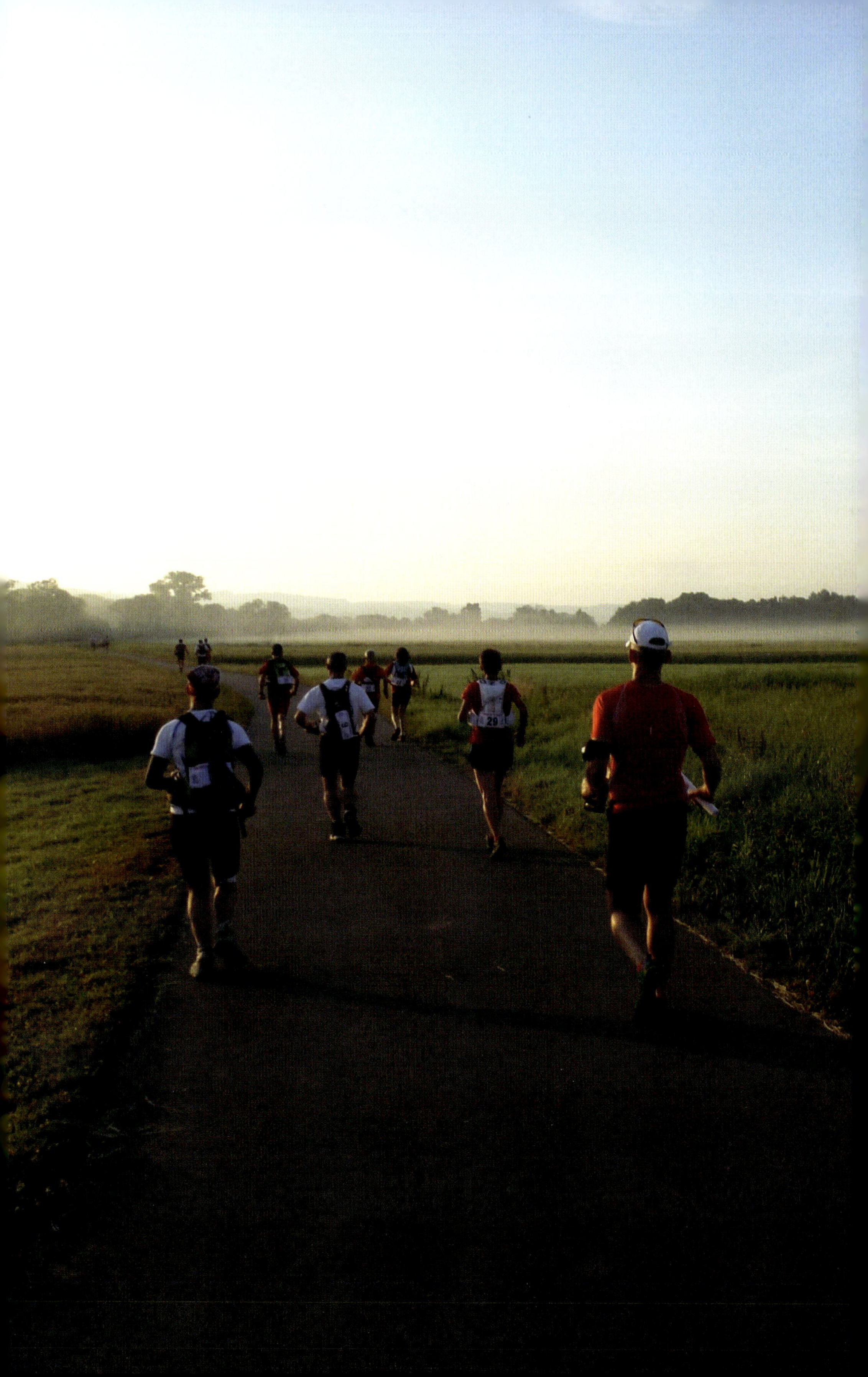

Step 3: Höher, schneller weiter: Wie entwickle ich mich clever weiter?

Du bist nun bereits mehrere Monate regelmäßig gelaufen? Mit viel Spaß bei der Sache und mindestens 3 Mal pro Woche für 45 bis 60 Minuten in deinem Wohlfühltempo unterwegs? Ich denke, dann bist du bereit für den nächsten Schritt!

Mit den regelmäßigen Trainingseinheiten im langsamen Tempo hast du dir eine sehr gute Grundlage aufgebaut. Damit ist das Fundament gelegt – du erinnerst dich an den Hausbau? –, damit du höher hinauskommen und noch ein paar „Stockwerke" drauflegen kannst. Dein Körper hat sich nun an die regelmäßige Belastung gewöhnt. Kein Zwicken mehr in den Muskeln. Bänder und Sehnen haben sich durch das Training gestärkt. Möchtest du dich nun weiterentwickeln und länger oder schneller laufen? Dann solltest du dich langsam an eine höhere Belastung heranführen.

Es ist wichtig, dass du deinem Körper immer wieder neue Reize bietest, damit er nicht stagniert. Läufst du 3 Mal pro Woche immer die gleiche Runde im immer gleichen Tempo, wird sich dies auch immer gleich anstrengend anfühlen. Der Körper ist im Prinzip bequem und fühlt sich wohl im Rahmen der Möglichkeiten, die ihm geboten werden – aber auch nicht mehr. Erst wenn der Körper – wohldosiert – ab und an mit neuen Reizen aus seiner Komfortzone gelockt wird, wird er sich weiterentwickeln. Womöglich wird er sich zunächst beschweren („das kenn' ich gar nicht – das ist mir viel zu anstrengend"), dies aber murrend akzeptieren („na gut, dann mache ich halt mit") und sich nach dem Training daran anpassen, damit er das nächste Mal vorbereitet ist, wenn er erneut auf diese Weise gefordert wird („das passiert mir nicht nochmal, dass ich mich so quälen muss!").

Wichtig ist es, deinen Körper zu fordern, aber nicht zu *über*fordern! Reduziere das intensivere Training oder die Laufumfänge sofort, sobald Beschwerden auftreten oder du außergewöhnlich müde bist. Lege in diesem Fall eine Ruhewoche ein und beginne danach erneut vorsichtig mit dem Trainingsaufbau.

Wie schaffe ich es, längere Strecken zu laufen?

„Ich laufe zwar gerne und regelmäßig, aber wie schaffe ich es, auch mal länger als eine Stunde unterwegs zu sein?" Diese Frage bekomme ich immer wieder zu hören. „Einfach machen", wäre die naheliegendste Antwort. Ich denke, sich zu einem längeren Lauf zu motivieren, ist vor allem eine Frage der eigenen Zielsetzung, verbunden mit der richtigen Strategie, dieses Ziel auch tatsächlich zu erreichen. Im Folgenden führe ich ein paar Ideen auf, die dir möglicherweise dabei helfen, deinen Laufumfang Stück für Stück zu erhöhen.

1. Virtuelle Welt vs. eigene Motivation

Es ist im Prinzip ganz einfach: Du setzt dir ein Ziel – wie die Teilnahme an einem 5- oder 10-km-Rennen oder gar einem (Halb-)Marathon – und trainierst darauf hin, damit du das gesteckte Vorhaben auch erreichen wirst. Allein der Gedanke an den bevorstehenden Wettkampf wird dich motiviert deine Trainingseinheiten absolvieren lassen. So war es auch bei mir. Sobald ich mir den Marathon vorgenommen hatte, war es gar keine Frage mehr, ob und wie ich länger laufen könne, ich tat es einfach. Das ist auch heute noch so. Wenn Ultraläufe auf meiner Wunschliste stehen, bin ich voller Motivation – ohne Wenn und Aber – und laufe auch stets in der Gewissheit: Je besser ich vorbereitet bin, desto mehr werde ich den Lauf genießen und umso weniger werde ich während des Wettkampfes *leiden* müssen.

Schwierig kann es werden, wenn – wie im Jahr 2020 coronabedingt – alle Wettkämpfe abgesagt werden und die fokussierte Ausrichtung plötzlich fehlt. Als Ersatz traten sehr schnell virtuelle Läufe auf den Plan. Auch Challenges auf Online-Plattformen – wie *Strava* – konnten einen guten

Ausgleich bieten. Doch zugegeben: Virtuelle Läufe sind nicht mit realen Rennen zu vergleichen, und viele Läufer hingen sozusagen demotiviert im luftleeren Raum... Der Supergau passierte, als dann auch noch die Technik streikte. Wie dies beim Garmin-Ausfall im Juli 2020 geschehen ist, währenddessen tagelang keine Sporteinheiten auf der Plattform synchronisiert werden konnten. Der Aufschrei in den sozialen Medien war groß: „Wofür trainiere ich jetzt überhaupt noch? Lohnt es sich zu laufen, wenn später möglicherweise alle Daten verloren sind?" Spätestens an dieser Stelle sollte man innehalten und sich selbst hinterfragen: Warum laufe ich eigentlich? Laufe ich aufgrund einer extrinsischen Motivation? Um meine Leistungen bei Facebook & Co. zu präsentieren? Um mich mit anderen zu vergleichen? Für mehr Ansehen? Laufe ich auch, wenn ich nichts posten kann und niemand von meiner Einheit je erfährt? Freue ich mich darüber, dass ich Körper und Seele etwas Gutes getan habe, auch wenn das niemand kommentiert? Mit anderen Worten: Laufe ich aus einem äußeren Antrieb heraus, um anderen zu zeigen „hey, schaut her, was ich alles leiste" – oder laufe ich aufgrund eines unstillbaren Verlangens, mich in der Natur zu bewegen, mich frei und unbeschwert zu fühlen, weit weg von der ständigen online Berieselung?

Wenn ich zu meinen eigenen Laufanfängen zurückgehe – und damals gab es noch kein Facebook & Co. –, dann spielte dabei immer der Gedanke eine Rolle: Schaffe ich das überhaupt? Wozu ist mein Körper zu leisten imstande? Ist es mir möglich, diese sportliche Leistung zu vollbringen? Kann ich 2 Stunden am Stück laufen? Wie fühlt es sich an, einen Marathon zu bewältigen? Schaffe ich einen Ironman? Kann ich 100 Kilometer am Stück laufen? Oder noch länger? Im Prinzip war es stets ein Herantasten an meine Möglichkeiten: Was kann ich mit meinen körperlichen und mentalen Fähigkeiten bewältigen – und auch Spaß dabei haben – und wo ist meine Grenze? Immer auch mit dem Wissen im Hinterkopf, dass ich beim Schulsport eher im hinteren Mittelfeld lag. Genau dieses Kennenlernen meiner Leistungsfähigkeit und die Möglichkeit, Grenzen – vor allem die Grenzen im Kopf – ein Stück weit verschieben zu können, das spornte mich an.

Wenn meine Läufer etwas ratlos trainieren, weil sie nicht wissen, ob ihr Rennen auch tatsächlich stattfindet oder nicht, dann rate ich ihnen, dennoch motiviert weiterzumachen und im Falle einer Absage ein

> **ICH MOTIVIERE MICH ZUM LAUFEN**
> „... mit 50 ist die Motivation ganz klar: Man will ja nicht zum alten Eisen gehören und auch nicht die Schwerkraft gewinnen lassen! Laufen gibt mir das gute Gefühl, mich **jünger zu fühlen**, als ich bin. Und vielleicht klappt es ja doch noch mit dem **Halbmarathon** eines Tages!"
> Gabriele Richter

eigenes Event auf die Beine zu stellen. Wer sagt denn, dass man einen Halbmarathon oder auch Marathon nicht auf eigene Faust laufen kann? In Gegenteil: Es kann äußerst motivierend und ein kleines Abenteuer sein, eine eigene Strecke festzulegen und diese autark zu bestreiten. Denn, wenn du einen solchen Lauf in Eigenregie erfolgreich absolvierst, dann schaffst du dies auch mit Bravour in einem organisierten Rennen, mit Musik und johlenden Zuschauern.

Wenn dir die nötige Motivation fehlt, dann schau dich auch mal nach neuen Herausforderungen um: Laufe querfeldein und suche dir schöne Trails abseits der Straßen, absolviere Berg- oder Orientierungsläufe, melde dich für einen Hindernislauf an, nimm mit Freunden an Staffelläufen teil, oder bewältige einen 24-Stunden-Lauf oder Triathlon im Team.

2. Gemeinsam läuft's besser

Suche dir Laufpartner (Familie, Freunde, Arbeitskollegen) oder eine Laufgruppe auf einem ähnlichen Leistungsniveau und mit der gleichen Zielsetzung. Es gibt zahlreiche Laufprojekte, in denen du dich unter professioneller Anleitung auf 10-km-Läufe, einen Halbmarathon oder Marathon vorbereiten kannst. Schließe dich solchen Gruppen an. Denn es ist gut, feste Trainingstermine zu haben und gemeinsam sukzessive längere Strecken zu bewältigen. Auch ist es überaus motivierend, zusammen ein Ziel erreichen zu wollen und einem gewissen Gruppenzwang zu unterliegen – denn schließlich möchte man nicht als einziger der Loser sein, der am Ende die angestrebte Distanz nicht geschafft hat. Steckst du in einem Motivationstief, hilft die Gemeinschaft zur neuen Fokussierung.

Step 3: Höher, schneller weiter: Wie entwickle ich mich clever weiter?

Staffellauf im 10er-Team, wie hier beim 24-Stunden-Lauf in Rodgau.

Laufen lieben lernen

Gemeinsam macht das Laufen doppelt Spaß.

3. Die Belohnungsstrategie

Arbeite nach dem Belohnungsprinzip für jeden Meilenstein. Setze dir ein bestimmtes Ziel, und lote (am besten schriftlich) eine Belohnung dafür aus, wenn du es innerhalb eines gewissen Zeitraumes tatsächlich erreicht hast. Die Belohnung sollte selbstverständlich etwas sein, was du dir schon lange sehnlichst gewünscht hast und wofür es sich zu kämpfen lohnt: eine Reise, ein Wochenendtrip, ein neues Fahrrad, eine neue Laufuhr, teure Laufschuhe, oder was dir sonst noch an Wünschen einfällt.

4. Once in a lifetime

Vielleicht hast du eine To-do-Liste mit Dingen, die du einmal im Leben gemacht oder erlebt haben möchtest? Also eine Art Löffelliste – oder auch Bucketlist – von Zielen, die du erledigt haben möchtest, bevor du sozusagen, den „Löffel abgibst". Einmal im Leben einen Halbmarathon bestreiten, auf die Zugspitze laufen oder den New York Marathon absolvieren? Man bereut nie, was man getan, sondern immer das, was man *nicht* getan hat. Es gibt viele schöne Ziele oder außergewöhnliche Dinge, die es zu erleben gilt. Wofür brennst du? Überlege dir doch mal, was auf deiner Liste alles stehen könnte. Als ich meinen ersten Ironman bestritt, hatte eine meiner Trainingspartnerinnen genau diesen Wunsch: Einmal im Leben einen Ironman innerhalb des offiziellen Zeitlimits finishen! Kaum hatte sie es geschafft, hängte sie den Sport an den Nagel. Dieser Punkt war abgehakt, nun kam der nächste dran: Akkordeon lernen.

5. Fahrradbegleitung: Allein und doch zusammen

Dein Partner ist kein Läufer? Umso besser. Dann lass dich von ihm auf dem Fahrrad begleiten, wenn du eine längere Tour planst. Er motiviert dich, lenkt dich ab, wenn es mental schwierig wird und kann gleichzeitig deine Verpflegung oder nötiges Equipment (Regenjacke, Wechselkleidung oder Schuhe etc.) transportieren. So genießt du einen All-Inclusive-Lauf und kannst dich ganz auf dich konzentrieren. Außerdem ist es ein tolles Erlebnis und schweißt zusammen, wenn man als Paar gemeinsam ein gestecktes Ziel geschafft hat.

6. Sightrunning: Laufen mit allen Sinnen

Nichts lenkt dich mehr ab, als wenn du auf einer Laufstrecke unterwegs bist, auf der es viel zu sehen – aber auch zu hören, riechen und zu schmecken – gibt. Laufe quer durch die Innenstädte schöner Metropolen, und genieße deinen Lauf als Sightseeing-Tour (teilweise gibt es so etwas auch als organisierte Touren). Man kann nicht glauben, wie die Zeit vergeht und die Kilometer fliegen, wenn ein Highlight das nächste jagt. Oder nimm an einem Wein- oder Gourmetlauf teil, bei dem du unterwegs auch kulinarisch voll auf deine Kosten kommst. Auch sich selbst ein Sightseeing-Ziel zu setzen, hin zu laufen und sich von dort abholen zu lassen oder mit der Bahn zurückzufahren, ist eine tolle Möglichkeit, eine längere Strecke zu bewältigen.

Bist du lieber auf Naturpfaden unterwegs, dann bieten sich auch Läufe auf ausgeschilderten Strecken schöner Wanderwege an. Auf diese Weise haben wir in den letzten Jahren komplett den Rheinsteig, den Rennsteig und die Tour du Mont-Blanc, aber auch Teile von Nibelungenweg, Saar-Hunsrück Steig, Schinderhannes Steig, Alemannenweg, Bonifatius Route und vielen anderen mehr abgelaufen.

Privater Etappenlauf über den kompletten Rheinsteig.

ICH MOTIVIERE MICH ZU LANGEN LÄUFEN

„… weil ich immer wieder feststelle, dass ich damit leidige **Wechseljahrsbeschwerden** wie Hitzewallungen und Stimmungsschwankungen einfach **„weglaufen"** kann."

Marion Raab

7. Plogging: Laufend die Welt verbessern

Wenn du deinen langen Lauf mit etwas Nützlichem verbinden möchtest, dann ist vielleicht Plogging das Richtige für dich. Unter Plogging versteht man das Mülleinsammeln während des Laufens. Erfunden wurde es vom schwedischen Läufer Erik Ahlström, der von dem ganzen Müll, der auf seiner Laufstrecke herumlag, restlos genervt war. Also entschied er sich kurzerhand dafür, diesen auf seiner Laufrunde aufzusammeln, um ihn anschließend ordnungsgemäß zu entsorgen. Trage dazu Einweghandschuhe, und nimm eine Mülltüte mit. Der Trainingseffekt besteht darin, dass du dich immer wieder bücken, neu anlaufen und auch mal querfeldein joggen musst. Je mehr Müll du findest, desto länger dauert deine Laufeinheit. Und am Ende bleibt mit Sicherheit das gute Gefühl, etwas für die Gesundheit *und* die Umwelt getan zu haben.

Wichtig!
Egal für welche Motivationsstrategie du dich entscheidest, es ist wichtig, den Laufumfang behutsam zu steigern. Dafür gibt es die 10-Prozent Regel. Diese besagt, dass du die Laufstrecke pro Lauf oder auch den Kilometerumfang pro Wochen nicht mehr als 10 Prozent steigern solltest, um das Verletzungsrisiko zu minimieren – oder bestenfalls, erst gar keine zu bekommen.

Plane deine längeren Läufe strategisch sinnvoll. Absolviere diese Läufe am besten nach einem Ruhetag und nur dann, wenn du dich topfit fühlst. Wähle dafür deine bevorzugte Tageszeit und führe ausreichend Verpflegung mit. Insbesondere bei hohen Temperaturen, oder wenn der Lauf für länger als 60 Minuten angesetzt ist. Nimmst du ausreichend Kohlenhydrate zu dir (ca. 50 bis 80 Gramm pro Stunde), kannst du einem Einbruch (Hungerast) vorbeugen. Zudem hat es den Vorteil, dass du deine Glykogenspeicher nicht vollkommen erschöpfst und du damit bereits während des Laufens die Grundlage für eine bessere Regeneration schaffst.

Verpflege dich ausreichend auf langen Läufen: Esse & trinke frühzeitig, um einem Hungerast vorzubeugen.

Nutze für deine Verpflegung am besten einen Laufrucksack oder Trinkgürtel. Nimm Wasser (je nach Temperaturen ggf. mit einer kleinen Menge zusätzlichem Natrium) und leicht verdauliche Nahrung wie Kohlenhydratgetränke oder Gels mit. Ich bevorzuge Gels mit Koffein, diese geben nochmal einen zusätzlichen Schub für den Kopf, wenn dieser bereits etwas müde ist. Für lange Strecken haben sich aber auch handelsübliche Gummibärchen und Marshmallows bewährt oder auch Power Gums und Gel-Chips – und bei Hitze Wassereis (ich habe immer etwas Kleingeld dabei). Teste einfach selbst, was du am besten verträgst und dir neuen Schwung gibt. Ich weiß nicht, was ich in den Anfangsjahren alles durchprobiert habe, von Bananen über Vollkornbrot bis hin zu allen möglichen Fitnessriegeln, doch mein Magen ist sehr empfindlich, und all diese Versuche scheiterten kläglich und führten zu Magenkrämpfen und Blähungen… oder sogar noch Schlimmerem.

> **ICH MOTIVIERE MICH ZU LANGEN LÄUFEN**
> „… weil ich das Laufen als „me-time" sehe. In dieser Zeit geht es nur um mich, und ich kann den beruflichen Alltag für ein paar Stunden **abstreifen**. Die Umgebung versuche ich dabei **bewusst wahrzunehmen** und lerne Frankfurt jedes Mal neu kennen."
> *Randolf Ruf*

Bin ich mehrere Stunden unterwegs, tendiere ich eher zu einer herzhaften Verpflegung: Käse(-Brot), Salzstangen, TUC-Kekse, Nüsse und Chips sind hier meine Favoriten. Hier gehören als Getränke auch Cola, alkoholfreies Bier oder mal ein Kaffee dazu. Das hört sich jetzt alles nicht topgesund an, bringt aber ein unsagbares Glücksgefühl, wenn du weißt, dass es beim nächsten Stopp wieder tolle Leckereien gibt. Für den Fall, dass es mir magenmäßig mal total schlecht geht und ich während der Belastung nichts mehr zu mir nehmen kann, sind das meine persönlichen „Wunderwaffen": Klare Brühe, Wassermelone, Pfefferminz- und Ingwertee (ggf. mit Honig). Gegen Übelkeit hilft es, rohen Ingwer in Ministückchen zu knabbern. Doch Vorsicht: scharf!

Step 3: Höher, schneller weiter: Wie entwickle ich mich clever weiter?

Bei einem langen Lauf ist die mentale Komponente am wichtigsten. Also belohne dich bereits unterwegs für dein Vorhaben – egal womit, Hauptsache, es tut dir gut und hilft dir, motiviert zu bleiben: spiele deine Lieblingsmusik, lausche einem Hörbuch, telefoniere mit Freunden, starte von unterwegs einen Live-Stream bei Facebook, gönne dir alle 5 Kilometer eine Geh- oder Fotopause (denn wer sagt denn, dass du zwingend durchlaufen *musst*?), löse ein kniffliges Quiz oder nutze den Lauf als kreativen Schub und spreche wichtige Gedanken auf dein Diktiergerät. Singen hilft auch! Ich weiß noch, als wir beim Mittelrhein Marathon auf den einsamen Streckenabschnitten lauthals deutsche Schlager sangen. Das kam zwar nicht bei allen Mitläufern so gut an, aber dafür hatten wir eine Riesengaudi! Das Wichtigste ist, dass du stets Spaß beim Laufen hast und dein Tun dich von den müden Beinen ablenkt.

Zudem solltest du auf die Frage nach dem *Warum* immer eine gute Antwort parat haben. Denn sei dir gewiss, der Gedanke „warum mach ich das eigentlich?" kommt garantiert. Und darauf musst du vorbereitet sein! Bist du das nicht, gerät das gesamte Vorhaben von einer Sekunde zur nächsten ins Wanken. Warum tue ich mir das an? Beim Triple Ultra Triathlon in Lensahn, bei dem ich 2015 folgende Strecken zu absolvieren hatte: 11,4 km Schwimmen, 540 km Radfahren und 126,6 km Laufen, kam des Öfteren die Frage nach dem Sinn auf. Doch ich hatte sehr viele sehr gute Antworten darauf, so dass ein Abbruch des Rennens in den mehr als 2 Tagen Wettkampfdauer nie in Frage kam. Weil ich wissen wollte, ob ich es tatsächlich schaffen kann. Weil ich mich so lange darauf vorbereitet hatte und wusste, dass es kein zweites Mal gibt. Weil es unser Urlaub war. Und, weil ich mein Team nicht enttäuschen wollte, das mich dabei unterstützte. 3 Jahre später war ich beim Rennsteig nonstop (168 km) weniger gut vorbereitet. Mir fiel in der ersten Nacht plötzlich keine gute Begründung mehr ein, warum ich diesen Lauf unbedingt finishen sollte. Ich überlegte hin und her – doch ich fand keine vernünftige Antwort. Wäre Oli nicht gewesen, hätte ich den Ultra hundertprozentig abgebrochen. Doch dann ging am Morgen irgendwann die Sonne auf, vertrieb die düsteren Gedanken, und schlagartig sah die Welt – und damit meine Motivation – wieder ganz anders aus.

Daher muss dir bei langen Läufen immer klar sein: Wenn der Kopf nicht mehr mitspielt, dann streikt auch der Rest des Körpers.

Nach 56:30:55 h im Ziel! Beim Triple Ultra Triathlon in Lensahn (2015) hatte ich immer die passende Antwort auf die Frage nach dem „Warum".

Wie kann ich meine Geschwindigkeit erhöhen?

Auch wenn es dein Plan ist, nicht schneller zu werden, sondern lieber längere Strecken zurückzulegen, ist es dennoch sinnvoll, Tempoeinheiten ins Training einzubauen. Erstens bietest du deinem Körper damit neue Reize, um sich weiterzuentwickeln und an höhere Belastungen zu gewöhnen. Und zweitens ist es sinnvoll, deine Grundgeschwindigkeit zu erhöhen, um auf längeren Strecken mehr Reserven zu haben.

Handele jedoch auch hier nach der 80/20-Regel. Absolviere 80 Prozent deines Trainings in langsamem, moderatem Tempo, und variiere in den verbliebenen 20 Prozent mit höherer Geschwindigkeit. Baue zu Beginn 1x wöchentlich oder 1x alle 2 Wochen kleine Tempoeinheiten in dein Training ein.

Was genau heißt nun eigentlich Tempo, und wie berechnet sich grundsätzlich die Laufgeschwindigkeit?

Laufgeschwindigkeit = Schrittlänge x Schrittfrequenz

Step 3: Höher, schneller weiter: Wie entwickle ich mich clever weiter?

Du wirst also schneller, indem du:

➡ in höherer Schrittfrequenz läufst (deutlich über 170 Schritte pro Minute). Denke daran, dass sich die Schrittzahl durch eine höhere Frequenz deiner Arme erhöht. Indem du mit mehr Schritten läufst, wird gleichzeitig deine Bodenkontaktzeit reduziert, was dabei hilft, Verletzungen zu minimieren. Durch eine geringere Bodenkontaktzeit wird dein Fuß nicht mehr vor, sondern mehr unterhalb des Körperschwerpunktes aufgesetzt.

➡ eine verstärkte Körpervorlage annimmst – die meisten Läufer versuchen bei schnellerer Geschwindigkeit, einen längeren Schritt zu machen. Das ist grundsätzlich richtig. Doch die meisten schieben ihre Füße für einen raumgreifenden Schritt weit nach vorne und kommen dadurch noch weiter und vor allem mit deutlich durchgestrecktem Knie mit der Ferse vor dem Körperschwerpunkt auf (dies nennt man auch Overstriding). Arbeitest du mit einer Vorlage, wird der Schritt automatisch nach hinten verlängert – und nicht (!) nach vorne, denke an Vokuhila.

➡ mit einem besseren Abdruck arbeitest (je nach Geschwindigkeit) – halte deine Hüfte gestreckt, damit du die Kraft aus der Körperrückseite (Oberschenkelrückseite und Po) nutzen kannst.

Bodenkontaktzeit minimieren

Bodenkontaktzeit nennt man die Zeit, die deine Füße bei jedem Schritt auf dem Boden verbringen. Das Ziel ist es, diese Zeit zu verringern, um effizienter und kraftsparender zu laufen. Du kannst deinen Körper entsprechend schulen, indem du Sprünge in dein Training einbaust, z.B. Prellhopser, beidbeinige Sprünge oder auch – und das ist mein Favorit – Übungen mit dem Springseil. Im Prinzip können hierfür alle Sprungvarianten genutzt werden, bei denen der Körper lernt, die Füße unterhalb des Körperschwerpunktes aufzusetzen.

Spätestens seitdem Boxer und CrossFitter das Rope Skipping für sich entdeckt haben, ist das Seilspringen wieder cool geworden. Du kannst es als Sprungkrafttraining nutzen – oder als Konditionstraining (beispielsweise in der HIIT-Version), wenn du mal nicht so viel Zeit zum Trainieren hast. Springseile gibt es in allen möglichen Ausführungen. Ein Stahlseil beispielsweise schwingt am besten, schmerzt aber auch am meisten, wenn man mal am Bein oder Rücken hängen bleibt. Für den Beginn reicht auch ein einfaches Seil aus dem Discounter. Achte jedoch darauf, dass das Seil in den Griffen rotieren kann. Wenn du auf Dauer Spaß daran hast, kannst du immer noch auf eine teurere Variante zurückgreifen.

Bitte stelle die Länge des Seils folgendermaßen ein: Stelle dich mit einem Fuß in die Mitte des Seils. Das Springseil hat die perfekte Länge, wenn die nach oben gerichteten Griffe unter den Achseln enden.

Tipp!

Springe nicht zu hoch! Je höher du springst, desto anstrengender ist es. Im Prinzip brauchst du ja nur so hoch zu springen, bis das Seil unter deinen Füßen durch passt. Ich weiß, das ist leichter gesagt als getan. Die Führung des Seils erfolgt dabei lediglich aus den Handgelenken – nicht aus den kompletten Armen.

Übungen

- Beidbeinige Sprünge mit Zwischen-Hüpfer zum Aufwärmen
- Beidbeinige Sprünge ohne Zwischensprung
- Pferdchensprünge (rechts und links sowie im Wechsel)
- Easy Jump (mit dem Seil laufen)
- Right to left (von einem Fuß auf den anderen)
- Twist (Hüpfen und dabei die Hüften drehen)
- Side Straddle (Beine seitlich grätschen und schließen, auch nach vorne)
- Überkreuzen (Seil kreuzen und durchspringen)
- Einbeiniges Springen (rechts und links)
  - Ziel ist es hier: 30x rechts und 30x links zu hüpfen
  - Auch im Wechsel: 2x rechts, 2x links
- Doppelte Sprünge
- …und zahlreiche weitere mehr

> Ein gutes Video hierzu ist folgendes:
>
> Es gibt jedoch Tausende andere bei YouTube, um sich weitere Ideen zu holen.

Der erste Schritt zur Erhöhung der Geschwindigkeit erfolgt zunächst über eine höhere Schrittfrequenz. Doch durch die Schrittfrequenz alleine kannst du auf Dauer nicht schneller werden. Denn irgendwann ist die maximale Schrittzahl erreicht: Ich kenne niemanden, der beispielsweise 250 Schritte pro Minute läuft. Daher solltest du parallel dazu die Schrittlänge vergrößern. Dies geschieht durch eine Körpervorlage und einen besseren Abdruck deiner Füße nach hinten. Hierbei ist es umso wichtiger, dass deine Hüfte stabil ist und die Kraft für die schnellere Geschwindigkeit aus deiner Körperrückseite kommt: also verstärkt aus dem Po, der Rückseite deiner Oberschenkel und deiner Wadenmuskulatur. Je mehr diese Muskeln aktiviert sind, desto besser kann dein Abdruck für den Vortrieb erfolgen.

> **Mehr Vortrieb durch einen besseren Abdruck**
>
> Aber wie spürst du, ob du beim Laufen die Kraft deiner Körperrückseite nutzt? Durch die Übungen des letzten Kapitels hast du sicher schon einiges an Körpergefühl entwickelt. Das ist mehr, als die meisten Läufer in über 10 Laufjahren spüren. Daher wird dir auch Folgendes leichtfallen:
>
> **Gehen**
>
> Suche dir eine flache Strecke, und gehe für einige Meter – ganz normal, so wie du es gewohnt bist und immer tust. Nun ändere deinen Gehschritt, indem du ganz bewusst bei jedem Schritt aus dem Po

und der Beinrückseite arbeitest. Fühlst du den Unterschied? Wechsele nochmal in den „normalen" Schritt, und aktiviere nach einigen Metern erneut deine Beinrückseite. Spürst du, dass du automatisch schneller wirst? Mit Sicherheit hast du zudem automatisch eine ganz andere Haltung eingenommen – eine aufrechtere und mit viel mehr Körperspannung. Aber Achtung: Versuche eine übertriebene Ausführung genauso zu vermeiden wie ein Hohlkreuz.

Beginne zunächst damit, im Alltag bewusster zu gehen. Je mehr du dich an dieses Bewegungsmuster gewöhnst, desto besser kannst du es beim Laufen übernehmen. Aber wie mit allem: Dosiere es wohlüberlegt, und nimm wahr, wenn dir dein Körper Signale sendet. Resümiere, ob deine Haltung gegebenenfalls zu extrem ist oder du die Umstellung zu sehr forcierst.

Wand

Eine weitere Übung, um die Muskelarbeit aus deiner Rückseite zu spüren, ist folgende: Suche dir eine Wand und stelle dich mit dem Rücken davor. Stemme dich nun mit einem Bein in einem rechten Winkel dagegen, und arbeite mit leichtem Druck. Genauso, als stündest du im Startblock und wartest nur auf ein Startsignal. Halte diese Position für mindestens 20 Sekunden, und laufe dann im lockeren Tempo los. Spürst du, wie du damit die rückseitige Muskulatur des angewinkelten Beines aktiviert hast und du nun die Kraft dieser Muskelgruppe zum Laufen nutzen kannst?

Steigung

Laufe eine leichte Steigung hinauf, und nutze für den Vortrieb ganz bewusst deine Beinrückseite. Konzentriere dich dabei auf einen verstärkten Abdruck des hinteren Beines. Spüre, wie du alleine durch die Kraft dieser Muskeln die Steigung hinaufläufst.

Step 3: Höher, schneller weiter: Wie entwickle ich mich clever weiter?

Visualisierung

Laufe auf einer flachen Strecke in deinem Wohlfühltempo, erhöhe nun leicht das Tempo durch eine verstärkte Armarbeit, und visualisiere dabei, dass du bei jedem Schritt die Straße unter dir mit deinen Füßen nach hinten schiebst – ganz so, als sei der Weg ein mechanisches Laufband ohne elektronischen Antrieb, das du rein durch den Abdruck deines Fußes antreiben musst. Spürst du dabei die Arbeit deiner Beinrückseite?

Übungen zur Förderung einer starken Hüfte und Kräftigung der Körperrückseite

Bitte baue diese Übungen nur dann in dein Training ein, wenn du dich für mindestens 15 Minuten gut eingelaufen hast. Suche dir für deine Trainingseinheit 3 der folgenden Übungen heraus, und wiederhole diese 3 bis 10 Mal – jedoch nur so lange, wie du sie auch wirklich korrekt durchführen kannst.

- Sprunglauf (Übung aus dem Lauf-ABC)
- Sprunglauf an einer leichten Steigung
- Kniehebelauf (Übung aus dem Lauf-ABC) und Sprunglauf in Kombination
  - 15 Meter Kniehebelauf, 15 Meter Sprunglauf direkt hintereinander
- Froschsprünge (Frog Jumps)
  - absolviere 10 bis 15 Froschsprünge (achte beim Sprung auf eine gestreckte Hüfte), und laufe danach 100 Meter locker weiter
- Rückwärtslaufen
  - laufe für 50 Meter locker rückwärts, drehe dich um, und laufe 100 Meter vorwärts locker weiter

Du solltest bei all diesen Übungen deine Hüftstreckung sowie die Nutzung der rückseitigen Muskulatur spüren.

Weitere Infos: www.laufen-lieben-lernen.de

Wichtig!
Diese Übungen sind rein zur Vorbereitung auf ein schnelleres Tempo vorgesehen. Wenn du in deinem Wohlfühltempo läufst, musst du *nicht* mit einem verstärkten Druck des hinteren Beines arbeiten. Das würde dich viel zu viel Kraft kosten. Bei deinen lockeren Läufen geht es eher um ein möglichst ökonomisches und kraftsparendes Laufen. Die Konzentration auf eine Schrittverlängerung ist erst dann sinnvoll, wenn du Tempoeinheiten in dein Training einbaust.

Wie schnell ist schnell? In welchem Tempo soll ich laufen, ohne mich zu unter- oder überlasten?

Der nächste Abschnitt geht in den Bereich der Leistungsdiagnostik, was eine Wissenschaft für sich ist und viele Läufer überfordert. Ich versuche an dieser Stelle, möglichst einfache Methoden darzulegen, wie du deine Leistungsbereiche – bestenfalls auf eigene Faust und ohne zusätzliche Kosten – bestimmen kannst.

Warum ist es wichtig, in deinen Leistungsbereichen zu laufen? Wenn du weißt, wo dein optimaler Puls- oder Geschwindigkeitsbereich ist, kannst du zum einen dein Training effektiver steuern. Du weißt beispielsweise, in welchem Bereich du optimal deine Grundlage aufbauen kannst oder am meisten Fett verbrennst. Zum anderen hilft es dir, dich weiterzuentwickeln, ohne dich zu über- oder unterfordern. Wenn du dich ständig überforderst, wird dein Körper irgendwann streiken und mit Leistungsstillstand oder im schlimmsten Fall mit einem Übertraining reagieren. Bist du ständig unterfordert, wirst du irgendwann keine Leistungsfortschritte mehr erzielen, gerätst ebenfalls in einen Stillstand und somit gegebenenfalls in ein Motivationstief. Beides gilt es zu vermeiden, um das Laufen dauerhaft mit Freude genießen zu können.

Wenn du deine Leistungsbereiche bestimmen und damit trainieren möchtest, setzt dies den Einsatz einer Laufuhr voraus. Es gibt zwei Möglichkeiten, dein Training zu steuern: durch den Puls oder durch die Geschwindigkeit. Im besten Fall kannst du auf beide Parameter zurückgreifen. Gerade zu Beginn – oder auch aus Überzeugung – laufen viele ohne Uhr. Hier ist ein gutes Körpergefühl gefragt.

Step 3: Höher, schneller weiter: Wie entwickle ich mich clever weiter?

Es ist wichtig, dem Körper immer mal wieder neue Reize zu bieten - z.B. mit Bergläufen.

Läufern ohne Uhr gebe ich Folgendes mit auf den Weg: Absolviere die Mehrzahl deiner Laufeinheiten so, dass du locker dabei reden kannst und das Gefühl hast, du könntest ewig weiterlaufen (GA1). Laufe Tempoeinheiten (GA2) in einem solchen Tempo, bei dem du noch reden könntest, aber es zu viel Anstrengung kosten würde. Gehe bei Intervallen nie an dein Limit, bewahre dir stets einen Puffer, und absolviere diese immer mit dem Gefühl, noch schneller laufen zu können, wenn du müsstest. Sprints oder hochintensives Intervalltraining kann dann auch mal (für kurze Zeit) bis an deine Belastungsgrenze gehen – mit dem Gefühl, nicht schneller laufen zu können und zu wollen (WSA).

Doch: Gehe dabei niemals *über* dein Limit hinaus. Dein Körper zeigt dir ganz genau, wann Schluss sein sollte – ignoriere das nicht. Meine ganz persönliche Grenze erkenne ich an einer Schnappatmung, die ich nicht mehr kontrollieren kann. Ignoriere ich diese, bekomme ich auch noch Gänsehaut auf dem Kopf, die mich dann sicherheitshalber abbremsen lässt. Ich bin nie über diese Grenze hinausgegangen – und will auch nicht wissen, was sich dahinter verbirgt. Jeder hat ganz individuelle Anzeichen für diese Grenze. Diese kann sich auch in Schwindel, Kreislaufbeschwerden, Übelkeit bis hin zum Brechreiz äußern.

Benutzt du eine Laufuhr, dann achte darauf, dass diese mit Brustgurt ausgestattet ist. Ich weiß, die Pulsmessung am Handgelenk ist viel bequemer, aber leider nach wie vor noch zu ungenau – insbesondere bei kalten Temperaturen oder verschwitzter Haut. Eine weitere Möglichkeit ist eine Pulsmessung im Ohr durch In-ear-Kopfhörer. Das ist ein ganz nettes Spielzeug für lockeres Training, doch Tempotraining mit ständigem Knopf im Ohr stelle ich mir unangenehm vor.

Was sagt deine Herzfrequenz über deine körperliche Fitness aus? Wichtig ist zunächst zu wissen: Die Herzfrequenz eines Menschen ist so individuell wie er selbst. Hast du eine hohe maximale Herzfrequenz, heißt das nicht automatisch, dass du gut oder schlecht trainiert bist. Diese ist genetisch vorgegeben. Erschrecke auch nicht, wenn diese über die Jahre hinweg niedriger wird. Es ist bestätigt, dass die maximale Herzfrequenz mit dem Alter absinkt. Bei mir ist dies der Fall. Mein Wert lag vor 15 Jahren noch 12 Schläge höher als heute. Folgende Werte können Aussagen über deinen Fitnesszustand geben: Zum einen, wie schnell dein Puls nach einer Belastung wieder auf ein normales Niveau sinkt, zum anderen die Höhe deines Ruhepulses, also der Wert, den du in absoluter Ruhe erreichst. Der Ruhepuls ist kein fester Wert, sondern von vielen weiteren Faktoren abhängig: Stress, Müdigkeit, Essen, Alkohol, Übertraining, Infektion usw. Anhand deines Ruhepulses kannst du ablesen, wie es dir wirklich geht und ob du an diesem Tag bereit bist, ein intensives Training in Angriff zu nehmen, lieber locker läufst oder gar nicht trainierst. Am besten misst du den Wert immer zur gleichen Tageszeit. Z.B. morgens, noch liegend im Bett, kurz nach dem Aufwachen. Entweder du zählst für 15 Sekunden deine Pulsschläge und multiplizierst diese mit 4 oder du nutzt deine Pulsuhr, die direkt neben dem Bett dafür bereit liegt oder du sowieso in der Nacht zur Schlafanalyse getragen hast. So kriegst du ein ganz gutes Gespür dafür, wie ausgeruht und leistungsbereit du an diesem Tag bist.

Berechnung der Trainingsbereiche mittels maximaler Herzfrequenz

Es gibt verschiedene Wege, die Trainingsbereiche zu bestimmen. Einer davon ist, die Werte über die maximale Herzfrequenz zu ermitteln. Hat man die maximale Herzfrequenz errechnet, kann man davon die Trainingsbereiche ableiten.

Die einfachste und wohl älteste Faustformel zur Berechnung der maximalen Herzfrequenz lautet: 220 - Lebensalter. Das ist jedoch eine veraltete Herangehensweise, mit der ich bereits vor 20 Jahren gearbeitet habe – und lange Zeit in sehr falschen Bereichen gelaufen bin. Ich möchte dies an meinem konkreten Beispiel verdeutlichen:

$$220 - 47 \text{ (mein Lebensalter)} = 173$$

Tatsächlich liegt meine maximale Herzfrequenz aktuell bei 166 Schlägen.

2001 gab es US-amerikanische Studien, die aufzeigten, dass das Sinken der Herzfrequenz im Alter langsamer verläuft als ursprünglich angenommen. Daraus resultierte schließlich folgende Formel, die auch heute noch oft verwendet wird:

$$\text{Maximale Herzfrequenz} = 208 - 0{,}7 \times \text{Lebensalter}$$

An meinem Beispiel: 208 - 0,7 x 47 = 175. Auch hier liegt die Faustformel ziemlich daneben.

2007 veröffentlichten britische Wissenschaftler von der John Moores University in Liverpool nach einer Studienreihe eine weitere Formel, die diesmal nach Männern und Frauen unterschied:

Männer: max. Herzfrequenz = 202 - (0,55 x Alter)
Frauen: max. Herzfrequenz = 216 - (1,09 x Alter)

An meinem Beispiel errechnet heißt das: 216 - (1,09 x 47) = 165. Hiermit kommen wir meinem tatsächlichen Wert schon sehr viel näher!

Willst du jedoch deinen individuellen Maximalpuls herausfinden, so bleibt dir nichts anderes übrig, als diesen in einem Selbsttest zu bestimmen.

Selbsttest zur Bestimmung der maximalen Herzfrequenz

Hierfür gibt es verschiedene Möglichkeiten: Laufe dich zunächst für mindestens 15 Minuten in einem lockeren Tempo ein, damit die Muskulatur gut aufgewärmt ist. Absolviere danach entweder 3x 3-Minuten-Intervalle in steigender Geschwindigkeit mit 2 Minuten Trabpause dazwischen. Beim letzten 3-Minuten-Intervall solltest du richtig Gas geben. Oder aber du steigerst deine Geschwindigkeit – etwa 10 Sekunden pro Kilometer – jeweils nach 1 Minute, bis du mit einem Endspurt dein Limit erreicht hast. Du solltest danach das Gefühl haben, dass du wirklich alles gegeben hast. Speichere diese Aktivität ab. Der höchste Pulswert deiner Aufzeichnung ist dein Maximalpuls.

Mal angenommen, du hast nun deinen Maximalpuls berechnet. Wie ergeben sich daraus deine Trainingsbereiche, und was bedeuten diese überhaupt für dein Training?

Im Jahr 2000 sah die klassische Aufteilung der Leistungsbereiche nach Kuno Hottenrott, einem deutschen Sportwissenschaftler, folgendermaßen aus:

- ✛ Regeneration und Kompensation – REKOM (60-70 % der maxHF)
- ✛ Grundlagenausdauer 1 – GA1 (70-80 % der maxHF)
- ✛ Grundlagenausdauer 2 – GA2 (80-90 % der maxHF)

Step 3: Höher, schneller weiter: Wie entwickle ich mich clever weiter?

- Wettkampfspezifische Ausdauer – WSA (> 90 % der maxHF)

Etliche Jahre später wurde die Aufteilung auf folgende Werte modifiziert:

- REKOM (< 60 % der maxHF)
- GA1 (60-75 % der maxHF)
- GA2 (75-85 % der maxHF)
- WSA (85-95 % der maxHF)
- Schnelligkeitsausdauer – SA (95-100 % der maxHF)

Und auch folgende Aufteilung ist häufig anzutreffen:

- REKOM (< 60 % der maxHF)
- GA1 (60-75 % der maxHF)
- GA1-GA2 (75-85 % der maxHF)
- GA2 (85-95 % der maxHF)
- WSA (> 95 % der maxHF)

Was bedeuten die Intensitätsbereiche und welches Training steckt dahinter?

REKOM	Training im Regenerationsbereich; d.h. ganz langsame und entspannte Läufe (oder Power-Walking), um aktiv zu regenerieren und die Muskulatur zu lockern.
GA1	Stabilisierung des Herz-Kreislaufsystems und Entwicklung der Grundlagenausdauer. Ideal für lockere oder lange Läufe. Ein Tempo, bei dem du noch locker reden kannst.
GA1-GA2	Erhöhung der aeroben bis aerob-anaeroben Ausdauer und Entwicklung der Motorik für schnelles Laufen. Geeignet für die Geschwindigkeitsentwicklung, wie das Heranführen an das Intervalltraining, Steigerungsläufe, mittlere Tempodauerläufe oder Fahrtspiele. Ein Bereich, in dem du tiefer atmen musst, das Reden noch möglich wäre, aber bereits schwerfällt.
GA2	Verbesserung der aeroben-anaeroben sowie der anaeroben Leistungsfähigkeit. Geeignet für Einheiten mit hoher Intensität, wie Tempodauerläufe oder GA2-Intervalle. Eine Unterhaltung ist in diesem Bereich nur noch stoßweise möglich.
WSA	Training zur Steigerung der Wettkampfgeschwindigkeit. Geeignet für Sprints, HIIT-Training oder Schwellenläufe. Du läufst für kurze Zeit am Limit – mit totalem Tunnelblick bist du unfähig, mit deiner Umwelt zu kommunizieren.

Recherchierst du im Internet zu diesem Thema, wirst du viele weitere verschiedene Begriffe finden, die überwiegend im Radsport oder Triathlon verwendet werden, wie beispielsweise:

- Fettverbrennungsbereich – Fatmax (60-70 % der maxHF), der Bereich, in dem du absolut gesehen am meisten Fett verbrennst.
- Entwicklungsbereich – auch EB genannt (85-95 % der maxHF) für intensive Intervalleinheiten und anaerobes Training.
- Spitzenbereich – auch SB genannt (90-100 % der maxHF) für das Training zur Steigerung der Wettkampfhärte.

Auch die unterschiedlichsten Prozentangaben schwirren umher. Das ist äußerst verwirrend. Ich denke, am Ende solltest du dich einfach für eine Methode entscheiden und dabeibleiben, um auch deine Entwicklung zu dokumentieren. Ich habe mich für die zuvor genannten Prozentangaben entschieden, um daraus meine Bereiche zu verdeutlichen. Alle nachfolgenden Berechnungen sind ausgehend von meiner maximalen Herzfrequenz von 166. Das würde folgende Trainingsbereiche für mich bedeuten:

Methode 1	Methode 2	Methode 3
➡ REKOM: 100-116 ➡ GA1: 116-133 ➡ GA2: 133-149 ➡ WSA: > 149	➡ REKOM: < 100 ➡ GA1: 100-125 ➡ GA2: 125-141 ➡ WSA: 141-158 ➡ SA: 158-166	➡ REKOM: < 100 ➡ GA1: 100-125 ➡ GA1-GA2: 125-141 ➡ GA2: 141-158 ➡ WSA: > 158

Damit wird die Krux der Berechnung der Trainingsbereiche rein unter Berücksichtigung der maximalen Herzfrequenz deutlich: Sie berücksichtigt nicht die individuellen Faktoren eines Sportlers. Bei mir ist es beispielsweise so, dass mir nur eine relativ schmale Bandbreite der Herzfrequenzbereiche zur Verfügung steht. Bei einem strammen Spazierschritt liegt meine Herzfrequenz bei 100 bis 110 Schlägen pro Minute. Bei einem lockeren Lauf liegt sie zwischen 130 bis 140 und im mittleren Tempo erreiche ich locker 145 bis 153. Nach den zuvor berechneten Werten wäre ich hiermit bereits im Wettkampftempo unterwegs. Zu Beginn meiner Marathonkarriere habe ich mich im Training genau mit diesen

Berechnungen „gequält". Ich war stets darauf bedacht, meine Bereiche einzuhalten, entsprechend langsam unterwegs und wunderte mich schließlich, dass ich keinerlei Fortschritte mehr machte.

Fazit!
Diese Herangehensweise zur Berechnung der Intensitätsbereiche rein über die maximale Herzfrequenz ist zu ungenau und daher nicht zu empfehlen.

Berechnung der Trainingsbereiche mittels maximaler Herzfrequenz UND Ruhepuls

Hier kommt die sogenannte Karvonen-Formel ins Spiel. Bei dieser wird zur Bestimmung der Trainingsbereiche neben der maximalen Herzfrequenz auch der Ruhepuls herangezogen.

Die Formel lautet folgendermaßen:

$$\text{Trainingspuls} = (\text{maxHF} - \text{Ruhepuls}) \times \text{Faktor der Belastungszone} + \text{Ruhepuls}$$

Erneut berechne ich meine Bereiche mit einer maximalen Herzfrequenz von 166 und einem durchschnittlichen Ruhepuls von 50:

Belastungszone	Faktor	Meine Werte
REKOM	Bis 0,6	< 120
GA1	0,6 bis 0,75	120-137
GA1-GA2	0,75 bis 0,85	137-149
GA2	0,85 bis 0,95	149-160
WSA	Über 0,95	> 160

Ich denke, mit diesen Bereichen lässt sich schon sehr gut arbeiten. Berechnet man jedoch nur einen Leistungsfaktor, wie hier die Herzfrequenz, muss man bedenken, dass dieser auch von äußeren Einflüssen abhängt und damit ein verfälschtes Bild über die Leistungsfähigkeit abgeben kann. Als Beispiel: Läuft man unter Wettkampfbedingungen und ist möglicherweise nervös, dann ist auch die Herzfrequenz erhöht, was aber in diesem Moment nichts über die körperliche Fitness aussagt. Ebenso kann der Puls, wie bereits erwähnt, durch eine vorherige Mahlzeit erhöht sein oder durch den Genuss von Kaffee, Tee, Cola oder Energydrinks. Daher ist es ratsam, dass man entweder zwei Faktoren zur Hand hat oder aber eine feste Größe, die nicht durch äußere Bedingungen beeinflusst wird: wie die Geschwindigkeit.

Berechnung der Trainingsbereiche mittels FatSpot-Test von Roy Hinnen

Wenn es dir zu kompliziert ist, so viel rechnen zu müssen, kann ich dir den FatSpot-Test des Schweizer Triathlon-Coaches Roy Hinnen ans Herz legen, der in den letzten 20 Jahren bereits mehrere Hundert Triathleten zu neuen Bestzeiten gecoacht hat. Der FatSpot-Test ist simpel. Du absolvierst einen Selbsttest und gibst deine Werte ganz einfach online in eine Formel ein – und schwups wird dir dein Ergebnis automatisch berechnet. Der Vorteil: Dieser Test kann ohne Herzfrequenzgurt absolviert werden und richtet sich rein nach der Laufgeschwindigkeit.

Laufe dich für mindestens 15 Minuten locker ein, und absolviere ein paar 10-Meter-Sprints, damit du gut warm bist. Dann laufe 1 Kilometer so schnell du kannst (am besten auf einer 400-Meter-Bahn) und speichere diesen Wert separat auf deiner Uhr. Lege anschließend eine 12-minütige Trabpause ein (als Anfänger kannst du diese auf bis zu 30 Minuten verlängern). Laufe locker zur Erholung hin und her, und achte darauf, nicht auszukühlen. Nun absolviere einen 3-Kilometer-Lauf erneut so schnell du kannst, und gib von Anfang an Vollgas, so dass du am Ende das Gefühl hast, alles gegeben zu haben. Laufe die gesamte Strecke all-out – also alles, was geht –, auch wenn du am Ende einbrichst und das Tempo nicht mehr halten kannst – denn nur dann ist der Test auch aussagekräftig. Speichere die 3 Kilometer ebenfalls separat ab. Rechne nun bitte die Durchschnittszeit pro Kilometer in Kilometer pro Stunde um, und gib die Werte hier ein:

www.triathloncoach-royhinnen.ch/royfatspot-test

Damit erhältst du deinen FatSpot, also die Geschwindigkeit, mit der du absolut gemessen am meisten Fett verstoffwechselst. Nimm diesen Wert +/- 10 Sekunden und nutze diesen Bereich für deine lockeren und längeren Läufe. Als Beispiel: Errechnest du einen Wert von 6:30 min/km, dann laufe deine GA1-Einheiten in 6:40-6:20 min/km.

Mit der RunFormel von Roy Hinnen kannst du dir auch weitere Trainingseinheiten für dein individuelles Leistungsniveau berechnen lassen. Gib in der folgenden Formel einfach die All-out-Laufzeit für 1 Kilometer ein:

www.triathloncoach-royhinnen.ch/runformel

Berechnung der Trainingsbereiche mittels Laufuhr

Auch die Laufuhren bieten eine Bestimmung der Leistungsbereiche an. Hierfür musst du deine maximale Herzfrequenz ermitteln, anhand derer die Trainingsbereich automatisch berechnet werden. Oder aber man gibt – soweit bekannt – die individuellen Bereiche in die Uhr ein. Garmin beispielsweise nutzt andere Begrifflichkeiten für die Trainingsbereiche als die zuvor genannten und nummeriert diese von 1 bis 5. Anhand der Prozentangaben kann man diese aber den Werten REKOM, GA1 etc. ganz gut zuordnen.

Bereich	Prozentsatz der maxHF	Meine Auswertung
1	50-60 %	48-126
2	60-70 %	126-140
3	70-80 %	140-149
4	80-90 %	149-157
5	90-100 %	157-166

Garmin bietet zudem einen „Laktatschwellen-Test" an. Unter „Eigene Statistiken" > „Laktatschwelle" > „Test durchführen", kannst du den Test, der in der Regel 20 bis 30 Minuten dauert, starten. Du benötigst dafür jedoch einen Brustgurt. Ist der Test gestartet, zeigt dir die Uhr genau an, was zu tun ist.

Laufe dich zunächst für 10 Minuten ein, dann läufst du jeweils für 4 Minuten in den von der Uhr angegebenen Werten, bis sie anhand von Herzfrequenz und Geschwindigkeit deine Laktatschwelle – also die anaerobe Schwelle oder Laktat-Steady-State – ermittelt hat. Das ist der Bereich, in dem sich die Bildung und der Abbau von Laktat die Waage halten und der – je nach Trainingsstand – bei etwa 85 bis 90 % der maximalen Herzfrequenz liegt. Mehr dazu im Kapitel „Laktattest".

Eine sehr bedingte Aussagekraft hat auch der VO2max-Wert der Laufuhren. VO2max gibt die maximale Sauerstoffaufnahme in Liter pro Minute an – das heißt, wie viel Liter Sauerstoff pro Minute aufgenommen und in die Zellen transportiert werden können. Diesen Wert kann man verlässlich nur durch eine Atemgasanalyse – also eine Spiroergometrie – feststellen lassen. Hierbei wird die Atmung während einer körperlichen Belastung mittels einer Gesichtsmaske gemessen. Das Verfahren ist recht teuer (ab 170 € aufwärts) und durch das Atmen in eine Maske auch sehr gewöhnungsbedürftig.

Berechnung der Trainingsbereiche mittels FTP-Test

Die folgende Methode ist nur geeignet, wenn du deine eigene Geschwindigkeit und Leistungsfähigkeit sehr gut einschätzen kannst und zudem zahlenaffin bist.

Der Leistungstest zur Bestimmung der FTP – also der funktionellen Leistungsschwelle – kommt ursprünglich aus dem Radsportbereich. Diese Schwellenleistung ist definiert als durchschnittliche Höchstleistung, die über eine Stunde hinweg konstant zu erbringen ist, ohne am Ende zu ermüden oder Geschwindigkeit zu verlieren. Hierbei sollten die Radfahrer bei maximaler Intensität fahren, die sie dauerhaft über eine Stunde halten konnten, um so die individuellen Wattwerte für das Radtraining zu definieren. Für das Laufen hat man diesen Test etwas vereinfacht und auf 20 Minuten begrenzt. In der Praxis heißt das: Absolviere diesen Test auf einer sicheren und verkehrsfreien Strecke oder auf einer 400-Meter-Bahn. Laufe dich für mindestens 15 Minuten gut ein, und füge danach leichte Übungen aus dem Lauf-ABC ein, damit die Muskulatur gut aufgewärmt ist. Teile dir deine Kraft so ein, dass du nun 20 Minuten auf deiner höchsten Intensitätsstufe laufen kannst, ohne signifikant einzubrechen. Empfehlenswert ist es, mit 85 bis 90 % zu beginnen, mit dem Ziel, das Tempo immer weiter zu steigern. Je eher du in den 20 Minuten deine Belastungsgrenze erreichst, desto genauer ist das Ergebnis. Geeignet ist für diesen Test beispielsweise auch ein 5-Kilometer-Rennen, in dem du konstant eine hohe Geschwindigkeit halten kannst.

Bitte speichere den 20-minütigen FTP-Test separat ab, und ermittle daraus deine durchschnittliche Herzfrequenz. Ziehe davon nochmal 5 % ab, und du erhältst deine FTHR (Functional Threshold Heart Rate). Wieder an meinem Beispiel errechnet, ergibt sich Folgendes: Durchschnittspuls über 20 Minuten = 160, FTHR = 152 (anhand dieses Wertes werden die Bereiche bestimmt):

- Regenerationsbereich (bis 85 % der FTP): bis 129
- GA1 (85-90 % der FTP): 129-137
- GA2 (90-95 % der FTP): 137-144
- EB (95-100 %): 144-152
- SB (100-106 %): 152-161

*da der FTP-Test aus dem Radsport stammt, wird hier überwiegend mit EB- und SB-Bereichen gearbeitet. EB = Entwicklungsbereich (85-95 % der maxHF), SB = Spitzenbereich (> 95 % der maxHF).

Auch die Geschwindigkeitsbereiche können mittels FTP definiert werden. Hierfür wird die Durchschnittgeschwindigkeit des 20-Minuten-Tests benötigt. In meinem Test lag diese bei 5 Minuten pro Kilometer. Daraus ergibt sich umgerechnet ein Dezimalwert von 5,0. Zähle zu diesem Wert nun 5 % hinzu. Dies ergibt 5,25 – dieses Ergebnis wird nun mit den jeweiligen Prozentzahlen der Trainingsbereiche multipliziert. Als Beispiel: 5,25 x 129 % = 6,77. Dies ergibt einen Wert von 6 Minuten und 46 Sekunden (0,77 x 60 Sekunden).

> ➡ Regenerationsbereich (129 % der FTP): bis 6:46 min/km
> ➡ GA1 (114-129 % der FTP): 6:46-5:59 min/km
> ➡ GA2 (106-114 % der FTP): 5:59-5:34 min/km
> ➡ EB (97-106 %): 5:34-5:05 min/km
> ➡ SB (90-97 %): 5:05-4:44 min/km

Quelle: www.tri-it-fit.de

Vorteil!
Alle bislang aufgeführten Leistungstests sind mit keinerlei Kosten verbunden. Das hat den Vorteil, dass du, insbesondere dann, wenn du sportliche Ziele hast oder auf einen Wettkampf trainierst, deinen favorisierten Test im Rhythmus von 6 bis 8 Wochen wiederholen kannst, um deine Leistungsbereiche entsprechend deiner Entwicklung – ob nach oben oder unten – anzupassen. So trainierst du immer mit deinen optimalen Daten.

Bestimmung der Trainingsbereiche mittels Laktattest

Bei einem Laktattest wird während ansteigender Belastungsstufen der Laktatgehalt im Blut bestimmt und daraus die Trainingsbereiche abgeleitet. Darüber hinaus gibt er Aufschluss über den momentanen Fitnesszustand und ist daher auch geeignet, um nach einer längeren Trainingspause die Wiederaufnahme des Trainings entsprechend zu steuern.

Laktat ist ein Stoffwechselprodukt und wird als das Salz der Milchsäure bezeichnet. Damit die Muskeln arbeiten können, benötigen sie Energie und entnehmen diese mithilfe von Sauerstoff den Fett- und Kohlenhydratspeichern. Steht für diesen Vorgang nicht mehr genügend Sauerstoff zur Verfügung, entsteht Laktat. Durch eine zunehmende körperliche Belastung entsteht mehr Laktat, als der Körper zeitgleich abbauen kann. Die Folge des überschüssigen Laktats sind schwere Beine und müde Muskeln – da diese übersäuern. Trainierst du im Grundlagenbereich, wird Laktat gebildet und gleich wieder abgebaut. Wenn sich dieser Prozess die Waage hält, nennt man das „Steady State" – also anaerobe Schwelle. Erst wenn du schneller wirst, nicht mehr ausreichend

Step 3: Höher, schneller weiter: Wie entwickle ich mich clever weiter?

Sauerstoff zur Verfügung steht und das Laktat nicht mehr abtransportiert werden kann, werden deine Muskeln übersäuern.

Anhand eines Laktattests kannst du nun herausfinden, bei welcher Geschwindigkeit dein Körper welche Laktatmenge produziert. Hierfür empfehle ich dir einen Feldtest (also einen Test auf einer 400-Meter-Bahn), einem Laufband- oder Ergometer-Test vorzuziehen – es sei denn, du bist sowieso regelmäßig auf dem Laufband unterwegs. Ansonsten ist ein Feldtest näher an der Realität und das Laufen auf dem Laufband für viele Läufer ungewohnt.

Bei einem Laktatstufentest werden die Laktatwerte *und* die Herzfrequenz bei unterschiedlichen Belastungen bestimmt. Die Trainingsbelastung wird in vorgegebenen Intervallen kontinuierlich und gleichmäßig gesteigert, d.h., du läufst vorgegebene Strecken in ansteigender Geschwindigkeit. Dabei werden die Geschwindigkeitsstufen dem individuellen Leistungsstand des Sportlers angepasst – du beginnst mit einem lockeren Tempo und steigerst dich kontinuierlich. Nach einem 10-minütigen Warmlaufen erfolgt dies beispielsweise nach dem folgenden Schema:

- Stufe 1: 2.000 m in 6:40 min/km
- Stufe 2: 2.000 m in 6:20 min/km
- Stufe 3: 2.000 m in 6:00 min/km
- Stufe 4: 2.000 m in 5:40 min/km
- ...

Nach jeder dieser Stufen wird zur Laktatbestimmung ein kleines Tröpfchen Blut aus deinem Ohrläppchen entnommen, woraus der Laktatgehalt bestimmt wird.

Trainingsbereiche	Laktatkonzentration in mmol/l
REKOM	< 1,5
GA1	1,5-2
GA1-GA2	2-3
GA2	3-6
WSA	> 6

Gleichzeitig wird deine Herzfrequenz auf den letzten 800 Metern der einzelnen Stufen notiert. Hieraus errechnen sich folgende Werte, mit denen dein Laktatverlauf für dich nachvollziehbar als Grafik veranschaulicht wird.

Testergebnis

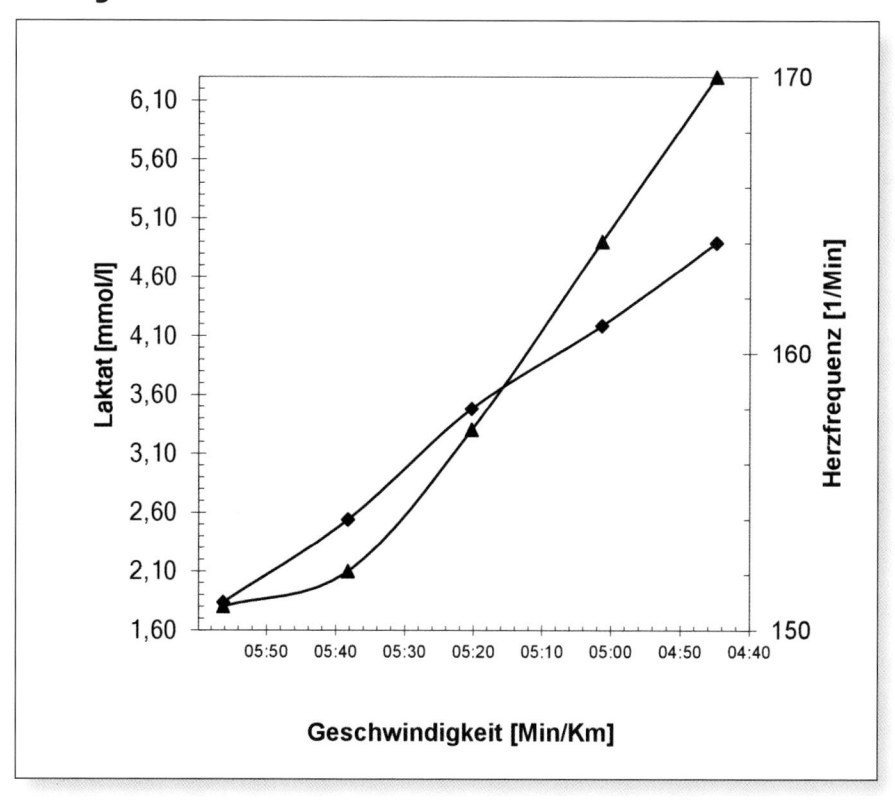

Der Vorteil eines Laktattests ist, dass du in deiner Auswertung sowohl die Herzfrequenz- als auch die Geschwindigkeitsbereiche erhältst – und du mit beiden Werten dein Training steuern kannst.

Sei dir jedoch bewusst, dass der Laktattest immer nur eine Momentaufnahme deines derzeitigen Fitnesstandes ist. Auch solltest du im eigenen Training nochmal Geschwindigkeit mit Herzfrequenz abgleichen – denn auch ein Laktattest kann Stress verursachen, der deine Herzfrequenz unter Umständen ein paar Schläge erhöht.

Step 3: Höher, schneller weiter: Wie entwickle ich mich clever weiter?

Trainingsbereiche laut Laktattest

	Geschwindigkeit (min/km)	Herzfrequenz (1/min)
Regeneration	bis 6:20	bis 137
GA1 über 1:30 h	6:20 – 6:10 n (niedrig)	137 – 144
GA1 1:00 – 1:30 h	6:10 – 5:55 m (mittel)	144 – 148
GA1 0:40 – 1:00 h	5:55 – 5:40 h (hoch)	149 – 153
GA2 0:15 – 0:40 h	5:35 – 5:25	155 – 157 (nach Geschwindigkeit = V)
GA2 (Intervall)	5:15 – 5:05	(nach V)
WSA	5:00 – 4:50	(nach V)

Ich finde einen solchen Test sinnvoll, da er dir eine Vergleichsmöglichkeit bietet, anhand der du sehen kannst, ob du mit den selbst durchgeführten Tests tatsächlich in deinen Bereichen liegst. Bist du ein ambitionierter Sportler mit großen Zielen, müsstest du diesen im Prinzip regelmäßig wiederholen, um immer mit deinen aktuellen Werten zu laufen. Das kann jedoch auf Dauer etwas teuer werden, denn ein solcher Laktatstufentest samt Auswertung kostet etwa 80 € aufwärts. Der große Vorteil der vorhergehenden Selbsttests ist, dass du diese auf eigene Faust immer wieder durchführen kannst.

Mein Tipp!

Lasse insbesondere nach einer längeren Trainingspause, zu Beginn eines intensiveren Trainings oder in Hinblick auf eine Wettkampfvorbereitung einen professionellen Laktattest durchführen. Anhand dieser Werte kannst du die Ergebnisse deiner Selbsttests abgleichen. Stimmen die Werte in etwa überein, weißt du, dass du mit deiner Trainingssteuerung auf dem richtigen Weg bist. Langfristig sollte es jedoch dein Ziel sein, dein Körpergefühl zu schulen. Mach dich nicht zum Sklaven deiner Uhr oder irgendwelcher

> Werte, sondern spüre mit der Zeit anhand deiner subjektiven Belastung und deiner Atmung ganz genau, wie schnell du gerade läufst und in welchem Intensitätsbereich du dich befindest – auch ohne ständig auf die Uhr zu schauen. Nur so lernst du, auf die Signale deines Körpers zu achten.

Bitte beachte!
Ganz wichtig ist, dass du bei allen hier genannten Tests zu 100 Prozent fit an den Start gehst. Wenn du bereits nach dem Warmlaufen merkst, „das ist nicht mein Tag", dann verschiebe den Test ohne ein schlechtes Gewissen auch gerne mal auf einen anderen Tag. Schwellenläufe am Limit sind äußerst anstrengend! Achte darauf, dass du ausreichend getrunken (und 2 bis 3 Stunden vorher etwas leichtes gegessen) hast und ignoriere nicht die Warnzeichen deines Körpers. Der Vorteil aller Tests – mit Ausnahme des Lakatattests – ist ja, dass du flexibel in der Durchführung und nicht an einen festen Termin gebunden bist.

Alle errechneten Werte gelten für flache Strecken. Wenn du in einem hügeligen Gelände unterwegs bist, dann solltest du die Tempo-Vorgaben natürlich den Gegebenheiten anpassen und vorzugsweise mit deiner Herzfrequenz arbeiten.

Wie bringe ich mehr Abwechslung in mein Lauftraining?

Zur optimalen Vorbereitung auf ein Training mit höherer Geschwindigkeit ist es sinnvoll, dass du ausreichend getrunken (am besten Wasser ohne Kohlensäure oder – mit Geschmack – auch ungesüßtes Zitronen- oder Ingwerwasser) und gegessen hast, damit dein Kreislauf während der Belastung nicht schlapp macht. Wichtig ist, dass du nichts allzu Schweres zu dir genommen hast (also kein Schnitzel mit Pommes) und am besten lange genug vor dem Training, sonst steht deinen Beinen nicht genügend Energie zur Verfügung und du könntest bei höheren Geschwindigkeiten Seitenstechen bekommen. Planst du eine intensive Einheit, oder ist es draußen warm, solltest du dir auch überlegen, Verpflegung (Wasser, Kohlenhydratgetränk oder Gel) zur Trainingseinheit mitzunehmen.

Ablauf einer Tempo-Trainingseinheit

Bevor du mit dem Tempotraining beginnst, laufe dich mindestens für 10 bis 15 Minuten ganz locker ein. Vor einem intensiven Intervalltraining ist es sinnvoll, ein paar lockere Lauf-ABC-Übungen zu absolvieren, damit du vollkommen warm bist und dir bei schnellerem Tempo keine Zerrungen zuziehst. Die Lauf-ABC-Übungen können beispielsweise aus Hopserlauf, Skippings oder Anfersen bestehen. Laufe am Ende der Tempoeinheit auch locker wieder aus. Damit entsteht der folgende Ablauf:

- 10 bis 15 Minuten einlaufen ggf. inkl. 2-3 Minuten Lauf-ABC
- Tempo-Trainingseinheit inklusive Trabpausen
- 10 bis 15 Minuten auslaufen
- Hast du ein intensives Tempotraining absolviert, dann bitte anschließend NICHT dehnen

Achte bei den schnelleren Läufen immer auch auf eine gute Lauftechnik. Stürme nicht einfach drauf los, sondern nutze Arme, Schrittfrequenz und Körpervorlage für die Geschwindigkeitserhöhung.

Willst du Intervalle auf einer Laufbahn durchführen, dann solltest du Folgendes wissen: Eine komplette Runde beträgt 400 Meter. Auf einer Laufbahn wird immer gegen den Uhrzeigersinn gelaufen. Rücksicht ist hierbei oberstes Gebot: Die Innenbahn gehört immer den schnelleren Läufern, das heißt, dass du in den Trabpausen diese verlassen und auf einer der äußeren Bahnen laufen solltest, wenn weitere Läufer vor Ort sind. Trage auf einer Tartanbahn keine gedämpften Stabilschuhe:

Suche dir für dein Tempotraining eine flache Strecke, wenn du dies nicht auf der 400-Meter-Bahn durchführen kannst.

Laufen lieben lernen

> **ICH MOTIVIERE MICH ZU TEMPOLÄUFEN**
>
> „… um Schritt für Schritt zu **neuen Zielen** zu gelangen. Ziele, die ich vor kurzem noch **nicht für realistisch** hielt."
>
> *Stefanie Gaebe*

Die Bahn ist weich, der Schuh ist weich - sprich, du musst mehr Kraft aufwenden, um dich vorwärts zu bewegen und kannst dich dadurch ggf. verletzen. Für schnellere Bahn-Einheiten empfehlen sich Lightweight-Trainer oder Wettkampfschuhe mit geringerer Dämpfung, so dass du den Boden besser fühlen kannst und auf dem Untergrund einen besseren Abdruck hast. Bitte stelle sicher, dass du die Schuhe gut eingelaufen hast und dich darin wohlfühlst.

Bitte taste dich behutsam an das Tempotraining heran, und beginne zunächst damit, kurze Intervalle im oberen GA1-Bereich für 20 Meter, 40 Meter und 60 Meter mit je 2 Minuten Trabpause dazwischen zu absolvieren, Steigerungsläufe am Ende deiner GA1-Einheit anzufügen oder ein lockeres Fahrtspiel während des Laufs zu integrieren.

Wenn du merkst, dass du bei einem schnelleren Tempo mehr Sicherheit im Bewegungsablauf bekommst, laufe 20-Sekunden-Intervalle im GA2-Bereich – steigere diese auf 1 Minute oder laufe 200-Meter-Intervalle mit jeweils der doppelten Pausenlänge dazwischen, in der du in lockerem Tempo trabst. Erst wenn du damit stabil bist, kannst du dich weiter steigern und dir nach Herzenslust weitere der im folgenden dargestellten Trainingsbeispiele herauspicken.

Beispiele für Tempo-Trainingseinheiten

Steigerungsläufe

Diese kannst du am Ende eines lockeren Laufes anfügen, damit du etwas aus dem Trott kommst. Aber wirklich nur während der letzten 5 bis 10 Minuten, danach locker auslaufen und dehnen. Ausführung: Jeweils über etwa 20 Meter das Tempo in 3 Stufen bis zum kurzen Sprint steigern. Dabei weniger als 7 bis maximal 10 Sekunden sprinten, damit kein Laktat entsteht. Nach dem Sprint locker auslaufen (nicht abrupt abbremsen), weitertraben und nach wenigen Minuten zum nächsten Steigerungslauf ansetzen, wenn sich die Herzfrequenz normalisiert hat. Das Ganze 3-6x wiederholen.

Fahrtspiel

Das Fahrtspiel (oder Fartlek) ist ein Spiel mit der Geschwindigkeit. Hier werden unterschiedliche Streckenabschnitte in unterschiedlichen Geschwindigkeiten gelaufen (ganz langsam bis ganz schnell) – je nach Lust und Laune und unter Beachtung des Streckenprofils. Wenn man in der Gruppe unterwegs ist, kann jeder abwechselnd ein Tempo für eine bestimmte Strecke vorgeben. Zwischen den einzelnen Abschnitten immer wieder locker traben.

Intervalle auf der Bahn: Gemeinsam läuft's besser.

Intervalle

Hier werden bestimmte Strecken- oder Zeitabschnitte vorgegeben, die schnell (im GA2-Bereich – also kein Sprint) gelaufen werden. Wähle hierfür am besten eine flache Strecke.

➡ Zeitintervalle: Wenn man mit dem Tempotraining beginnt, bieten sich Minuten-Intervalle im Wechsel an: 1 Minute schnell und 2 Minuten ganz locker traben, damit man sich in der Pause wieder erholen kann. Bitte in den Pausen nicht gehen, denn durch das lockere Laufen wird das Laktat, das sich in deinen Muskeln gebildet hat, schneller wieder verstoffwechselt. Bitte versuche, die schnellen Intervalle sauber und gleichmäßig zu laufen – also nicht beim ersten Intervall so lossprinten, dass du hinten raus keine Kraft mehr hast oder umgekehrt. Achte bitte auch auf eine saubere Lauftechnik.

➡ Streckenintervalle: Ganz klassisch sind beispielsweise 200-, 400-, 800-Meter-Intervalle auf der Bahn oder auch 1.000-Meter- und 1.600-Meter-Intervalle. Du solltest zu Beginn mit doppelter Pausenlänge arbeiten und diese sukzessive reduzieren. Planst du beispielsweise 5x 400-Meter-Intervalle, kannst du die Pausenlänge zu Beginn bei 800 Metern ansetzen. Nach ein paar Wochen reduzierst du die Trabpausen auf 400 Meter und schließlich auf 200 Meter – so wird dein Trainingsreiz weiter erhöht.

Intervalle programmieren

Bei vielen Laufuhren ist es möglich, die Intervalle und deren Trabpausen so zu programmieren, dass dir die Uhr ein Signal gibt (Vibration oder Ton), wenn du einen bestimmten Zeit- oder Streckenabschnitt absolviert hast. So musst du nicht ständig auf die Uhr schauen, falls du die Intervalle nicht auf einer Bahn laufen kannst.

Pyramidentraining

Hierbei handelt es sich um eine spezielle Art des Intervalltrainings. Die Intervalle werden zunächst pyramidenförmig gesteigert und anschließend dementsprechend wieder reduziert.

➡ Zeitintervalle: Nach dem Einlaufen kannst du beispielsweise folgende Zeitabschnitte wählen, in denen du schnell (im GA2-Tempo) läufst:
  - 1 Minute, 2 Minuten, 3 Minuten, 4 Minuten, 5 Minuten, 4 Minuten, 3 Minuten, 2 Minuten, 1 Minute
  - füge jeweils hinter jedes Tempointervall eine 3-minütige Trabpause ein

➡ Streckenintervalle: Wähle das gleiche Prinzip wie bei den Zeitintervallen. Am einfachsten ist es, wenn du die Intervalle auf einer Laufbahn absolvierst (800 Meter = 2 Runden).
  - 200 Meter
  - 400 Meter
  - 800 Meter
  - 400 Meter
  - 200 Meter
  - mit jeweils 200 Meter Trabpause dazwischen

Oder aber auch:

  - 3x 200 Meter
  - 2x 400 Meter
  - 1x 800 Meter
  - 2x 400 Meter
  - 3x 200 Meter
  - mit jeweils 200 Meter Trabpause dazwischen

Dabei werden zunächst alle drei 200-Meter-Intervalle mit je einer 200-Meter-Trabpause gekoppelt, bevor die Länge des Intervalls gesteigert wird.

> **ICH MOTIVIERE MICH ZU TEMPOLÄUFEN**
> „… weil man beim **Bahntraining** einfach eine **wunderbare Leere** im Kopf hat."
> Dr. Oliver Plein

Du kannst aber auch die Pausen deinem Intervall anpassen: also 400-Meter-Trabpause bei den 400-Meter-Intervallen und 800 Meter bei den 800er-Intervallen. Du siehst: Deiner Fantasie sind hier keine Grenzen gesetzt – erhöhe beliebig deine Intervallstrecken, und variiere bei den Pausenlängen.

Crescendo

Hier wird innerhalb eines bestimmten Strecken- oder Zeitintervalls die Geschwindigkeit ohne Trabpause immer weiter gesteigert. So läuft man beispielsweise jeden Kilometer, alle 500 Meter oder aber alle 3 Minuten eine um 5 bis 10 Sekunden pro Kilometer schnellere Geschwindigkeit. Zum Beispiel – immer ausgehend von deiner Einlaufgeschwindigkeit:

- Einlaufen z.B. 7:00 min/km (10-15 Minuten), danach:
- Kilometer 1: 6:50 min/km
- Kilometer 2: 6:40 min/km
- Kilometer 3: 6:30 min/km
- Kilometer 4: 6:20 min/km
- Auslaufen (10 Minuten): 7:00 min/km

Belgischer Kreisel

Dieses Training ist ein Fahrtspiel, das nur dann sinnvoll ist, wenn man mindestens zu dritt oder in einer größeren Gruppe unterwegs ist. Der Begriff „Belgischer Kreisel" kommt aus dem Radsport. Beim Laufen kann man das folgendermaßen anwenden: Die Läufer laufen hintereinander. Der jeweils letzte der Reihe überholt in einem zügigen Tempo die Vorläufer und platziert sich vor dem ersten Läufer. Sobald dies geschehen ist, setzt der nächste letzte Läufer zum Überholen an. Ist die Gruppe besonders groß, können auch 2 bis 3 Läufer gleichzeitig und hintereinander mit dem Überholen beginnen. Die Kunst dabei ist es, die Geschwindigkeit der Gruppe stets konstant zu halten und nicht zu forcieren.

Hügeltraining

Intervalle am Hügel oder einer Brücke. Jedoch bitte keine extreme Steigung und für den Anfang eine Strecke von maximal 100 bis 200 Metern wählen; später sind Streckenlängen von bis zu 800 Metern möglich. Ablauf: Das Hinauflaufen ist die Belastung, Herunterlaufen die Entlastung in dieser Einheit. Die Anzahl der Wiederholungen ist hierbei beliebig. Beim Hochlaufen kannst du mit verschiedenen Intensitäten arbeiten: entweder jedes Intervall in konstanter Belastung oder die ersten 3 in etwas langsamerer Geschwindigkeit laufen und mit jedem weiteren Intervall das Tempo steigern. So dient das Hügeltraining der Steigerung der Geschwindigkeit, aber auch dem Kraftausdauer- und Koordinationstraining. Achte auf eine saubere Lauftechnik berghoch UND bergab (siehe hierzu auch das Kapitel: „Step 2: Wie laufe ich kraftschonend im hügeligen Profil?").

Für Fortgeschrittene: Zur stärkeren Intensität des Hügeltrainings kannst du nach jedem Hinunterlaufen kleine Übungen einbauen, die das Laufen mit vorbelasteter Muskulatur (z.B. beim Wettkampf) simulieren und gleichzeitig die mentalen Fähigkeiten stärken: z.B. Squats, Side Kick Squats, Jump Squats, Burpees etc. Hier wäre der Ablauf der folgende: hochlaufen, herunterlaufen, 10 Squats, wieder hochlaufen, herunterlaufen, 10 Jump Squats usw.

Wichtig ist, dass du die Intervalle nur so lange durchführst, wie du auch mit guter Lauftechnik den Hügel hinauf- und herunterlaufen kannst – ansonsten ist die Verletzungsgefahr zu groß. Auch mal rückwärts den Hügel hochzulaufen stärkt die Läufermuskulatur sowie die Koordination.

Treppentraining

Dies gilt als spezielle Form des Intervalltrainings und fördert neben der Kraftausdauer auch deine koordinativen Fähigkeiten, deine Lauftechnik und deine Schnelligkeit. Zu Beginn empfiehlt es sich,

Treppentraining: Neben der Schnelligkeit ein optimales Training zur Förderung der Koordination.

einfach die Stufen hoch und wieder hinunterzulaufen, mit beliebig vielen Wiederholungen. Bist du ein wenig geübter, kannst du eine Temposteigerung einbauen oder mehrere Stufen auf einmal nehmen. Aber Achtung: Mit zunehmender Ermüdung der Muskulatur ist beim Hoch- aber auch beim Treppab-Laufen höchste Konzentration erforderlich.

HIIT (Hochintensives Intervalltraining oder High Intensity Training)

Das HIIT – auch Tabatatraining genannt – ist seit einigen Jahren in aller Munde, wenn es darum geht, schnell und mit wenig Zeitaufwand fit zu werden. Diese Trainingsform basiert auf einer Studie des japanischen Wissenschaftlers Izumi Tabata, der 1996 in einer Versuchsreihe mit 2 Gruppen feststellte, dass die maximale Sauerstoffaufnahme und die anaerobe Leistungsfähigkeit der Sportler, die 5x pro Woche intensiv mit HIIT trainierten, in 6 Wochen stärker stieg als bei denjenigen, die 5x pro Woche ein moderates Ausdauertraining absolvierten. Was heißt das für Läufer? Wenn du einfach nur fit sein möchtest, ist es effektiver, mehrmals pro Woche für eine kurze Dauer Sport zu treiben als 1x für 1,5 Stunden. Aber es ist wie immer eine Frage des Ziels. Möchtest du einen Halbmarathon bestreiten, wirst du *NUR* mit der HIIT-Methode nicht weit kommen, denn dir fehlen dann die langen Läufe, um die aerobe Leistungsfähigkeit zu verbessern und die spezifische Muskulatur an die Ausdauerbelastung zu gewöhnen.

Aber ab und zu ins Training eingebaut – vor allen an Tagen, an denen du mal nicht so viel Zeit für ein Training hast –, dient es auf jeden Fall dazu, Schnelligkeit, Wettkampfhärte und Spaß zu fördern. Es gibt verschiedene Methoden, HIIT durchzuführen. Der Ablauf ist immer der folgende: Auf ein kurzes Intervall in Sprintgeschwindigkeit folgt eine relativ kurze Pause. Wichtig ist, dass du hierfür wirklich gut aufgewärmt bist – sinnvoll kann es auch sein, die ersten 2 bis 3 Intervalle nicht richtig Vollgas zu laufen, sondern sich an die Geschwindigkeit heranzutasten.

Für den Anfang bewährt sich folgender Ablauf: 8x 20 Sekunden höchste Belastungsstufe – all-out, also so schnell laufen, wie es geht –, dazwischen jeweils 40 Sekunden lockere Trabpause. Bist du fortgeschrittener, kannst du die Intervalle auch nach dem folgenden Schema einplanen:

- 8x 30 Sekunden Belastung und 30 Sekunden Trabpause
- Oder: 8x 40 Sekunden Belastung und 20 Sekunden Trabpause

- Oder – maximale Belastungsstufe: 8x 60 Sekunden Belastung und 10 Sekunden Trabpause

HIIT kann man nicht nur als Lauftraining, sondern auch als Krafttraining in den Laufalltag integrieren – beginne hier mit 8x 20 Sekunden und je 40 Sekunden Pause:

- Jump Squats
- Skippings
- Hohe Hocksprünge
- 10 Meter Pendelläufe
- schnelles Seilspringen
- Burpees
- und alles, was dir sonst noch einfällt

Bitte achte auch hier auf eine gute Bewegungsausführung. Wichtig ist bei der HIIT-Methode, dass du dich wirklich voll belastest – sonst ist das Training nicht effektiv!

Tempodauerlauf

Beim Tempodauerlauf wird nach dem Einlaufen eine gewisse Strecke – beginnend mit 3 Kilometern – oder eine bestimmte Dauer – zu Beginn 15 bis 20 Minuten, später bis 60 Minuten steigern – eine konstante Geschwindigkeit im GA2-Bereich gelaufen. Dies sollte aber erst dann in deinen Trainingsplan integriert werden, wenn du ausreichend Erfahrung mit Tempoeinheiten auf kürzeren Strecken gesammelt hast.

> **ICH MOTIVIERE MICH ZU TEMPOLÄUFEN**
> „... weil es **abwechslungsreicher** ist, **Spaß** macht und ich dabei ausgezeichnet **abschalten** kann."
> *Muriel Petersilie*

Overspeed-Intervalle

Dies ist eine Intervall-Form, um den Körper an den Bewegungsablauf eines schnelleren Tempos zu gewöhnen und um die Schrittfrequenz sowie -länge zu verbessern. Eigentlich ist diese Einheit für die Steigerung der Schnelligkeitsausdauer gedacht – daher wird sie auch hier am Ende aufgeführt. Ich füge diese Übungen – in abgeschwächter Form – jedoch auch gerne dann in das Training ein, wenn ich für längere Zeit keine GA2-Intervalle gelaufen bin und sich mein Körper langsam wieder an das schnellere Laufen gewöhnen soll.

Suche dir zunächst eine leicht (!) abschüssige asphaltierte Strecke (wichtig: kein Berg oder Hügel, sondern maximal 1 bis 3 Prozent Gefälle – für das bloße Auge kaum sichtbar) mit einem guten Untergrund und einer Länge von etwa 100 bis 400 Metern. Die Bergab-Passage wird nun für das Intervall genutzt, das lockere Zurücklaufen zum Startpunkt ist die Erholungsphase. Nutzt man das Overspeed-Training zur Schnelligkeitsausdauer, so sollte das gewählte Tempo bei mehr als 10 Prozent über der maximalen Geschwindigkeit liegen. Laufe diese Intervalle kontrolliert und nur wenn du absolut fit bist, denn die Verletzungsgefahr ist dabei sehr hoch.

Möchtest du das Training dafür nutzen, dich (erneut) an schnelle Intervalle heranzutasten, dann wähle auf der abschüssigen Strecke in etwa das Tempo, das du im vergleichbaren GA2-Intervall auf flacher Strecke laufen würdest. Achte auf eine korrekte Lauftechnik und einen sauberen Bewegungsablauf. Wiederhole die Intervalle je nach Streckenlänge 5-10x.

Beispiel einer Tempo-Laufeinheit

- 10-15 Minuten locker einlaufen
- 2-3 Minuten lockere Lauf-ABC-Übungen
- 10x 1 Minuten-Intervalle mit 2 Minuten Trabpause (bestenfalls auf einer flachen Strecke). Versuche in den schnellen Intervallen ein gleichmäßiges Tempo zu halten.
  - 1 Minute schnell (GA2-Bereich)
  - 2 Minuten langsam (tiefes GA1, so dass sich deine Herzfrequenz wieder erholen kann)
  - 1 Minute schnell
  - 2 Minuten langsam
  - 1 Minute schnell
  - 2 Minuten langsam

Step 3: Höher, schneller weiter: Wie entwickle ich mich clever weiter?

- ➡ 1 Minute schnell
- ➡ 2 Minuten langsam
- ➡ 1 Minute schnell
- ➡ 2 Minuten langsam
- ➡ 1 Minute schnell
- ➡ 2 Minuten langsam
- ➡ 1 Minute schnell
- ➡ 2 Minuten langsam
- ✚ Geschafft!! Nun mindestens 10 Minuten (gerne auch länger) gaaaaanz locker auslaufen und NICHT dehnen.

Wichtig!
Tempotraining solltest du nur absolvieren, wenn du dich absolut fit und ausgeruht fühlst. Wenn du bereits beim Warmlaufen merkst, dass du dich nicht wohlfühlst, deine Bewegungen unrund sind oder du eine ungewöhnlich hohe Herzfrequenz hast, dann verschiebe das Tempotraining lieber auf einen anderen Tag – selbst dann, wenn es in deinem Trainingsplan steht! Höre immer auf deinen Körper!!

Nach einer sehr intensiven Trainingseinheit wird grundsätzlich NICHT gedehnt. Kleinere Verletzungen, die durch den Bewegungsablauf in der Muskulatur entstehen, könnten durch das Dehnen weiter verstärkt werden. Daher lieber darauf verzichten und gegebenenfalls am kommenden Tag ausgiebig dehnen und mit der Faszienrolle arbeiten.

Aufteilung deiner wöchentlichen Trainingseinheiten

Wie bereits erwähnt, sollten die Tempo-Einheiten nicht mehr als 20 Prozent deines wöchentlichen Trainings betragen. Wenn du also 4x pro Woche läufst, könntest du folgenden Ablauf einplanen: 2x lockerer Lauf im GA1-Tempo (davon 1 längerer Lauf & 1x inkl. Steigerungsläufe am Ende), 1x Technik-Lauf (lockerer Lauf inkl. Lauftechnik-Übungen – Armarbeit, Laufen mit Metronom, Körpervorlage –, oder 10-15 Minuten Lauf-ABC, Agility Ladder, Rope Skipping oder Laufkraft-Übungen) sowie 1x Tempo. Absolviere dies 3 Wochen lang, und lege dann eine Ruhewoche ein, in der du 2 bis 3x lediglich locker läufst oder mal ein leichtes Fahrtspiel einbaust.

Wenn du an einem Tag mal nicht so viel Zeit hast, dann absolviere ein HIIT, Rope-Skipping- oder Lauf-ABC-Training – da reichen auch schon mal 20 Minuten, um dich vollständig zu verausgaben.

Wie schütze ich mich vor Überlastungen?

In den letzten Kapiteln ging es sehr oft darum, Laufverletzungen zu vermeiden. Hört man Läufer reden, so könnte man jedoch meinen, dass diese fast selbstverständlich zum Laufalltag dazu gehören. Aber warum ist das so? Laufen ist ja im Prinzip etwas ganz Natürliches, das jeder von uns kann. Und darin liegt auch gleichzeitig die Krux: Weil es jeder können *sollte*, beschäftigen sich viele nicht mit ihrem Laufstil und entwickeln auch nach etlichen Laufjahren keinerlei Gespür für die Bedürfnisse ihres Körpers. Ich gehe davon aus, dass 90 Prozent aller Verletzungen hausgemacht sind, weil man die ganz typischen Fehler begangen hat – und da spreche ich aus eigener Erfahrung...

Experten gehen davon aus, dass die Verletzungsrate bei Läufern bei rund 30 Prozent liegt. Die meiner Meinung nach besten Hilfsmittel, typische Läuferverletzungen – wie Knieprobleme, Schienbeinkantensyndrom, Plantarfasziitis, Fersensporn, Achillessehnenentzündung, Stressfrakturen, Sehnenreizungen, Muskelzerrungen, Hüft- und Rückenprobleme – bereits im Vorfeld auszumerzen, sind:

- Behutsam den Trainingsumfang steigern
- Langsam die Geschwindigkeit erhöhen
- Lauftechnik schulen (Arm- und Körperhaltung sowie Fußaufsatz prüfen, regelmäßige Lauf-ABC-Übungen absolvieren)
- Regelmäßiges Dehnen
- Regelmäßige Massage mit der Faszienrolle
- Regelmäßige Kraft-, Balance- und Koordinationsübungen
- Ruhewochen nach dem 3:1-Prinzip einplanen
- *Stets* auf die Signale deines Körpers hören – und danach handeln!
- Und sich hin und wieder eine richtige Sportmassage gönnen

Trifft dich doch eines Tages eine Verletzung, dann gleicht das Aufspüren der Ursachen immer wieder einem Krimi, gepaart mit einer langwierigen Spurensuche nach dem Trial-and-Error-Prinzip. Wenn du nach dem Laufen auch nur ein leichtes Ziehen oder eine Druckstelle bemerkst, solltest du *sofort* wachsam sein und dich darum kümmern. Ein Schmerz ist immer ein Signal des Körpers mit dem Hinweis, dass irgendetwas schiefgelaufen ist. Handle unmittelbar. Denn in den allermeisten Fällen verschwindet der Schmerz nicht (!) von selbst.

Achtung!
Lass unbedingt von einem Sportarzt oder Physiotherapeuten abklären, ob eine schwerwiegende Verletzung vorliegt, falls der Schmerz dauerhaft anhält. Insbesondere dann, wenn du das Problem schon einige Zeit mit dir herumschleppst – und du es mit manueller Therapie nicht in den Griff kriegst.

Bei Laufverletzungen, deren Ursache im Bewegungsablauf liegt, in einer mangelnden, verhärteten oder verkürzten Muskulatur, nutzt es oftmals nichts, eine komplette Laufpause einzulegen. Früher empfahl man bei einem Hexenschuss oder Kniebeschwerden absolute Ruhe. Heute weiß man, dass leichte Bewegungen lockernd wirken und die Bildung der Gelenkschmiere anregen. Meist ist es so, dass – wenn die Ursache nicht behoben ist – der Schmerz auch nach 2 Wochen Laufpause wieder präsent ist. Die meisten typischen Läuferverletzungen stehen in direktem Zusammenhang mit einer zu schnellen Trainingssteigerung, einer mangelhaften Lauftechnik, aber auch einer schwachen Muskulatur, die selten oder nie gedehnt und gerollt wird.

Ein schlechter Laufstil kann unter Umständen jahrelang von deinem Körper toleriert werden. Wenn du immer die gleiche Strecke im immer gleichen Tempo läufst, hat der Körper sich entsprechend gewappnet und kann die Fehlbelastungen ausgleichen. Erhöhst du nun aber das Training – möglicherweise auch etwas zu schnell – dann kann es zu ersten Schmerzsignalen kommen. Diesen Hilferuf deines Körpers bitte niemals ignorieren! Ich denke, dass jeder Läufer irgendwann im Laufe seiner Laufkarriere von einer typischen Läuferverletzung heimgesucht wird. Es wäre interessant zu erfahren, wie lange er Schmerzen mit dem Gedanken „naja, das geht schon wieder weg", beiseiteschob, ohne erste Maßnahmen zu ergreifen, die eine wochen- oder gar monatelange Laufpause verhindert hätten.

Die Leidensgeschichte meiner Laufverletzungen

Ich bin weder Ärztin noch Physiotherapeutin und musste meine ganz eigenen Erfahrungen machen, aus denen ich sehr viel über mich und meinen Körper gelernt habe – und vielleicht kommt dir das ein oder andere der folgenden Geschichten doch sehr bekannt vor.

Die erste meiner Laufverletzungen trat auf, nachdem ich mich mit größeren Umfängen und schnelleren Einheiten für den Marathon vorbereitet habe. Damals lief ich in einem für meinen Körper nicht optimalen Laufstil. Ich machte mir nie Gedanken über den Fußaufsatz, und das Resultat meines Fersenlauf-Stils war schließlich: Schienbeinkantensyndrom. Ich ging zur Akkupunktur – irgendjemand gab mir damals glücklicherweise den Tipp dafür – las viel über die richtige Lauftechnik und stellte langfristig meinen Laufstil um, damit war das Problem recht bald behoben.

Einige Zeit später trat eine Achillessehnenentzündung auf. Was war geschehen? Ich hatte mir neue Laufschuhe gekauft, die eine Reizung am Knöchel verursachten. Das spürte ich im Prinzip von Anfang an, dachte aber stets, das lege sich mit der Zeit. Genau das tat es jedoch nicht. Ganz im Gegenteil, es wurde eher schlimmer – und kurz darauf traten Schmerzen an der Achillessehne auf. Nachdem ich die Schuhe ausgetauscht und regelmäßig die Achillessehne mit Eis gekühlt, gedehnt und mit Kraftübungen gestärkt hatte, waren die Probleme nach einiger Zeit wieder verschwunden.

Hüftschmerzen bereiteten mir in der Saison 2006 – in der Vorbereitung auf meinen ersten Ultra – Probleme. Durch gezieltes Krafttraining und verstärktes Dehnen bekam ich auch das wieder in den Griff. 2010 plagte mich ein Fersensporn. Jedoch auch erst, nachdem ich die Reizung meiner Fußsohle (Plantarfasziitis) gekonnt für mehrere Wochen missachtet und zudem stundenlang in Flipflops durch Paris getingelt war. Mit regelmäßiger Eisbehandlung, Hochbettung der Ferse mit einer Gel-Einlage im Schuh, täglicher Fußmassage, Rollen, Dehnen und Kräftigung, war auch dieses Übel nach ein paar Monaten überwunden.

Im Sommer 2017 planten wir eine Wanderung rund um den Mont-Blanc – eine Strecke, die wir vom Ultratrail du Mont-Blanc her kannten und nun in Ruhe und mehreren Tagesetappen genießen wollten. Nach der letzten Testwanderung im Taunus, eine Woche vor der Abfahrt in die Alpen, spürte ich bei recht kühlen Abendtemperaturen, dass mein

Step 3: Höher, schneller weiter: Wie entwickle ich mich clever weiter?

Dank des schnellen Handelns, konnte ich die „Tour du Mont-Blanc" genießen. Hier auf dem Grand Col Ferret (2.537 m).

nasses Shirt am Rücken eine leichte Anspannung in meinem Ischiasnerv auslöste. „Ich muss später unbedingt rollen", war mein erster Gedanke. Aber wie das Leben so spielt, hatte ich mein Vorhaben – kaum daheim angekommen – schon wieder vergessen. Am nächsten Tag wollte ich mir am Morgen für den Weg ins Fitnessstudio meine Schuhe schnüren, als mir ein Schmerz in den Rücken schoss. Dieser war so stark, dass ich mich im ersten Moment kaum noch bewegen konnte: Hexenschuss. OMG! Wie sollte ich damit zu unserer Wanderung aufbrechen, die mit 170 Kilometern und knapp 10.000 Höhenmetern doch sehr anspruchsvoll werden sollte? Noch an diesem Tag recherchierte ich hektisch alle möglichen Infoseiten und Videos zu diesen Beschwerden und stieß dabei zum ersten Mal bewusst auf das Thema Triggerpunkt-Massage. Mit speziellen Übungen mithilfe eines Tennisballs, Lockerungs- und Dehnübungen konnte ich die Schmerzen recht bald kontrollieren und war am Freitag zumindest wieder so weit hergestellt, dass ich zur Wanderung starten konnte. Seitdem schwöre ich auf die Triggerpunkt-Massage – insbesondere die Arbeit mit dem *Body-Back Buddy* (s. Foto).

Die letzte der typischen Läuferverletzungen – Knie – fehlte mir noch, bis es eines Tages *plötzlich* anfing zu rebellieren. Ich hatte noch nie Knieprobleme und war tief erschüttert: Wie um Himmels Willen kann das sein? Meine Recherche begann: Was hatte ich verändert? Und wo lag mein Fehler? Was lief in den letzten Wochen regelrecht falsch? Wie sich schließlich herauskristallisierte, war wohl ein Mix aus verschiedenen Dingen die Ursache für meine Beschwerden. Ich hatte mir neue Laufschuhe gekauft, die ich regelmäßig auch auf langen Strecken trug

Step 3: Höher, schneller weiter: Wie entwickle ich mich clever weiter?

und verspürte ab und an nach dem Training ein merkwürdiges Zwicken im Knie. Parallel dazu hatte ich im Winter mein Krafttraining im Fitnessstudio intensiviert, jedoch aus Zeitmangel mein regelmäßiges Dehn- und Faszienroll-Programm deutlich reduziert. Ein schwerwiegender Fehler, wie ich jetzt feststellen musste. Die Lage spitzte sich so zu, dass ich keinen Kilometer mehr ohne Schmerzen laufen konnte. Das Notfallprogramm musste her: Als erstes wurden die Schuhe ausgetauscht, mit regelmäßigen Wechselduschen und Eispads kühlte ich das Knie, ein Kinesiotape sorgte für Schmerzlinderung, aktivierte die Selbstheilungskräfte und stützte das Knie. Außerdem begann ich damit, an 6 Tagen pro Woche morgens intensiv zu dehnen und abends zu rollen. Hier muss ich erwähnen, dass ich ein großer Fan der Schmerzspezialisten Liebscher & Bracht bin! In dieser Zeit vermied ich das Lauftraining, absolvierte aber regelmäßig stramme Spaziergänge, damit das Knie in Bewegung blieb. Innerhalb von 2 Wochen konnte ich schon wieder regelmäßig laufen, nach 4 Wochen waren die Schmerzen komplett verschwunden.

Ich kenne Läufer, die sich einen Ermüdungsbruch zuzogen, weil sie einen Marathon in brandneuen Lightweight-Schuhen gelaufen sind. Oder andere, die sich einen Hallux Valgus einfingen, weil sie lange Zeit mit zu engen Laufschuhen unterwegs waren. Bei wieder anderen resultierten Achillessehnen-Probleme aus einer verspannten Schulter.

Aber es muss gar nicht gleich zu solchen Verletzungen kommen. Auch kleineren Übeln kann man mit einem ausgiebigen Hinterfragen auf den Grund gehen. So bekam ich beispielsweise bei Ultraläufen, die länger als 8 Stunden andauerten, extreme Nackenprobleme. Dieser Schmerz spitzte sich im Laufe des Rennens so zu, dass ich am liebsten laut losgeheult hätte. Der Nacken ist sowieso meine große Schwachstelle, also ran an das Problem. Neben einer Intensivierung des Kraft- und Dehnprogramms (insbesondere durch die Yogaübungen Schulterstand und Pflug), analysierte ich, dass durch meine langen Haare – die ich beim Laufen meistens als Pferdeschwanz trage –, der Schweiß durch den Zopf hindurch auf meine Nacken- und Schulterpartie transportiert wurde. Diese Stellen kühlten dadurch aus und verspannten sich – insbesondere bei niedrigeren Außentemperaturen. Eine Lösung wäre gewesen, die Haare abzuschneiden, jedoch entschied ich mich für das Tragen eines seitlichen, geflochtenen Zopfes, der mir eine deutliche Verbesserung brachte.

Hinterfragen & Bewegungsmuster analysieren

Was ich dir damit auf den Weg geben möchte, ist: Es ist wichtig, sich selbst zu hinterfragen und genau zu analysieren, was dazu geführt hat, dass ein Schmerz „plötzlich" auftritt. Meistens liegt die Ursache bei einem selbst oder ist eine Kombination aus verschiedenen Faktoren. Hier einige Fragen, die du dir stellen und beantworten solltest, wenn dein Körper erste Signale sendet:

- Habe ich den Kilometerumfang meines Trainings zu schnell gesteigert?
- Habe ich meine Laufgeschwindigkeit ungewöhnlich schnell erhöht?
- Bin ich Intervalle gelaufen, ohne meine Muskulatur ausreichend aufzuwärmen?
- Habe ich den Lauftuntergrund gewechselt: von Wald zu Asphalt oder umgekehrt?
- Habe ich die Strecken gewechselt: plötzlich extreme Steigungen oder Abstiege? Achte ich hierbei auf die richtige Lauftechnik?
- Laufe ich um ein Vielfaches öfter als in den Wochen zuvor?
- Wie viele Ruhetage gönne ich mir pro Woche?
- Laufe ich in einem gelenkschonenden und effektiven Laufstil?
- Habe ich beim Laufen eine Technik erzwungen, die sich nicht natürlich anfühlt?
- Versuche ich, meinen Laufstil zu schnell umzustellen?
- Bin ich gestürzt oder umgeknickt – ggf. auch im Alltag?
- Habe ich beim Laufen eine Schonhaltung angenommen, weil ich ggf. eine Blase oder Schmerzen im Knöchel hatte?
- Passen meine Laufschuhe zu meinen Bedürfnissen? Pronation, Dämpfung, Untergrund?
- Trage ich neue, ungewohnte Einlagen? Oder auch nur neue Socken?
- Habe ich neue Laufschuhe, die einen Reiz verursachen können? Reibt der Schuh ggf. durch eine fehlerhafte Naht, feste Zunge oder harte Fersenkappe? Zu schwer? Zu weiche Dämpfung?
- Rutsche ich in meinen Laufschuhen hin und her? Passt die Schnürung? Zu fest, zu locker?

Step 3: Höher, schneller weiter: Wie entwickle ich mich clever weiter?

- Sind die Schuhe womöglich zu klein, zu eng oder zu groß?
- Sind meine alten Laufschuhe ggf. zu sehr abgetragen? Werden neue benötigt? Sieh dir auch mal die Sohle an, nach welchem Muster die Schuhe abgelaufen sind.
- Habe ich im Alltag neue, ungewohnte Schuhe getragen?
- Fühle ich mich in meiner Kleidung unwohl oder eingeengt?
- Laufe ich mit der für mich richtigen Kopfbedeckung? Schränkt mich diese ggf. im Sichtfeld ein?
- Laufe ich regelmäßig mit Flasche in der Hand / Smartphone am Arm?
- Dehne ich regelmäßig – mindestens 3x pro Woche nach dem Laufen?
- Arbeite ich mindestens 2x pro Woche mit der Faszienrolle?
- Absolviere ich regelmäßig Krafttraining, um die läuferspezifische Muskulatur zu stärken?
- Habe ich ggf. ein zu intensives (ungewohntes) Krafttraining absolviert? Z.B. viele tiefe Squats mit Gewicht?
- Habe ich mich vor und nach dem Lauf- oder Krafttraining ausreichend auf- und abgewärmt?
- Gönne ich meinem Körper genügend Regeneration?
- Bin ich ggf. mit einem ungewöhnlich schweren Rucksack gelaufen? Oder habe ich in den letzten Wochen stark zugenommen?
- Habe ich eine andere Sportart betrieben, bei der ich z.B. immer wieder stark abbremsen musste?
- Schlafe ich genügend? Wie liege ich im Bett, während ich schlafe? Welches Kopfkissen habe ich?
- Wie sitze ich im Büro/am Schreibtisch oder im Auto?
- Trinke ich ausreichend?
- Wie ernähre ich mich überwiegend – sauer oder basisch? Esse ich täglich Wurst oder Fleisch?
- Habe ich stets den Geldbeutel/Smartphone in der Hosentasche? Unnötiger Druckpunkt und du sitzt schief.
- Leide ich womöglich unter einem Beckenschiefstand/Beinlängendifferenz?
- Stehe ich sehr unter Stress (beruflich, familiär) und bin dadurch verspannt? Auch eine verspannte Schulter- oder Rückenmuskulatur kann zu Fußproblemen führen. Immer ganzheitlich denken!
- Nehme ich mir ausreichend Zeit für mein Lauftraining, oder stehe ich oft unter Zeitdruck?
- Habe ich *wirklich* Spaß am Laufen?

Deine Antworten auf diese Fragen beinhalten gleichzeitig die Lösungsmöglichkeiten. Daher ist es wichtig, eine genaue Analyse zu betreiben und alles zu vermeiden, was im Verdacht steht, den Schmerz verursacht zu haben.

Ist der Schmerz akut, solltest du zunächst mit den Erste-Hilfe-Maßnahmen beginnen. Man spricht in dem Zusammenhang auch gerne vom Einsatz der PECH-Regel. PECH, wie Pause (Training beenden, Laufpause), Eis (je nach Schmerz, denn manchmal hilft Wärme besser), Compression (also Bandagen) und Hochlagern.

Im nächsten Schritt der Behandlung sind meine eigenen erfolgversprechendsten Maßnahmen folgende: Dehnen & Rollen (je nach Schmerz auch nur ganz leicht), (Triggerpunkt-)Massage, Kinesiotape, Kälte oder Wärme (Wechselduschen, Kühlpads, Wärmflasche, Wärmepflaster. Bei Entzündungen und Reizungen hilft eher Kälte, beim Hexenschuss Wärme – achte hierbei auf dein Körpergefühl), Kräftigung, leichtes Lauftraining oder Power-Walking sowie Akkupunktur. Viele Läufer haben auch mit Osteopathie sehr gute Erfahrungen gemacht.

Je nach Schwere der Verletzung solltest du auf jeden Fall einen Arzt oder Physiotherapeuten deines Vertrauens zu Rate ziehen.

Step 3: Höher, schneller weiter: Wie entwickle ich mich clever weiter?

Kinesiotape ist so flexibel, dass du es auch beim Laufen tragen kannst.

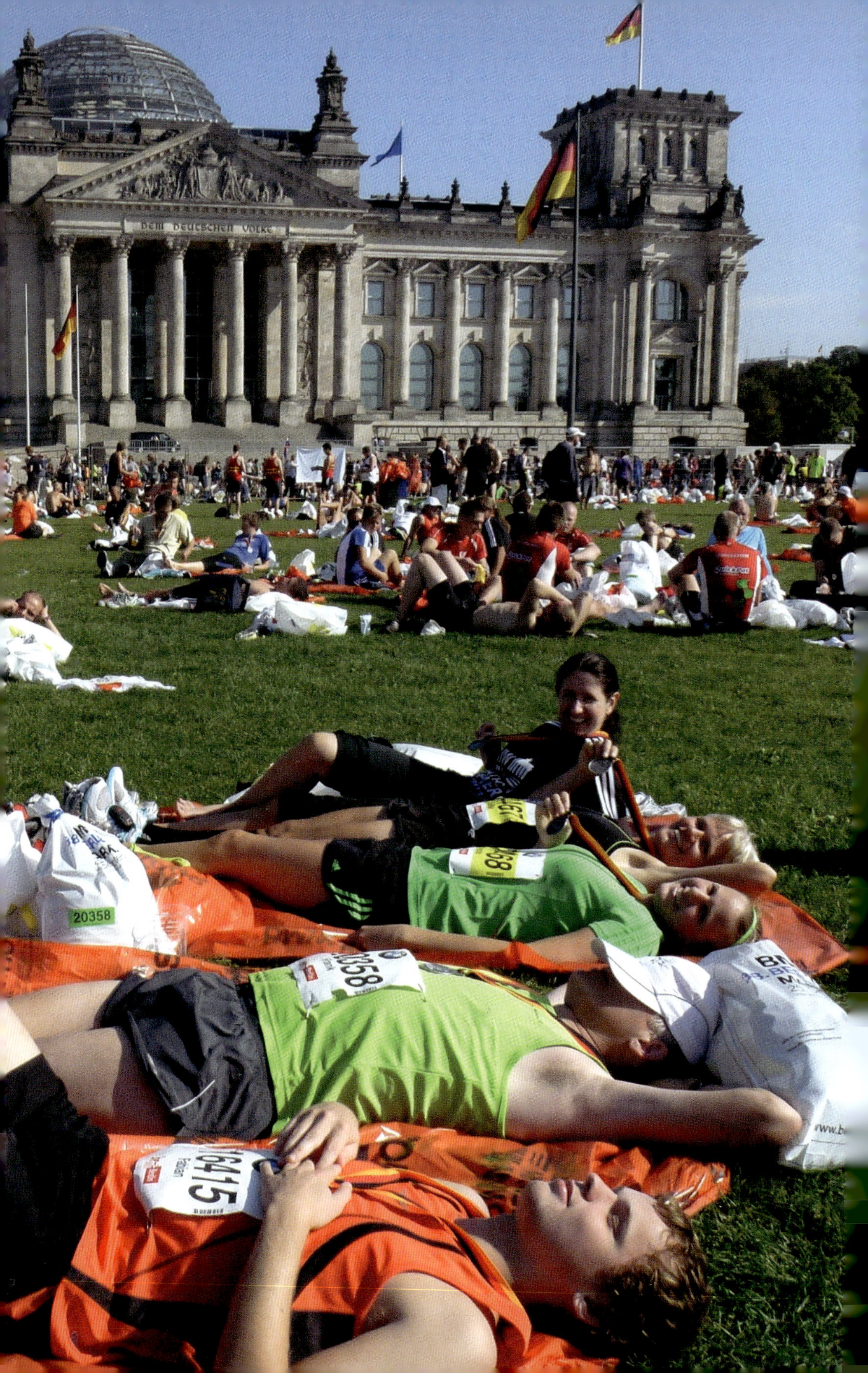
DEM DEUTSCHEN VOLKE
20358
Fabian
16415

Cool-down: Nach dem Lauf ist vor dem Lauf

Laufen ist die schönste Sportart der Welt. Das Bedürfnis, dies zu vermitteln, war mein größter Antrieb und die beste Motivation zugleich, dieses Buch zu vollenden. Das absolut schönste Kompliment für mich wäre, wenn „Laufen *lieben* lernen" dazu beigetragen hat, dass du:

- mit dem Laufen beginnst
- Spaß daran findest
- leichter und effizienter unterwegs bist
- den Mut hast, auch langsam zu laufen
- ein besseres Gefühl für deinen Körper entwickelst und dessen Signale verstehst
- und stets mit einem Lächeln auf den Lippen läufst

Laufen ist nicht einfach nur ein Hobby, Laufen ist eine Lebenseinstellung – für ein gesundes, aktives und ausgeglichenes Leben. Und gerade auch in schwierigen Zeiten, wie der Corona-Pandemie, hat sich das Laufen wieder einmal als Erfolgskonzept bestätigt. Du kann es jederzeit, in jedem Alter, alleine und ohne großartiges Equipment tun. Laufen stärkt nicht nur das Herz-Kreislaufsystem deines Körpers, sondern sorgt auch für ein intaktes Immunsystem. Durch das Laufen werden Ängste und negative Gedanken besiegt, aber gleichzeitig rücken neue Ziele und Hoffnung in den Fokus. Daher war der Lockdown auch für viele Menschen ein Grund, um mit dem Laufsport zu beginnen.

Das Buch ist nicht nur als praktische Begleithilfe für deinen Neustart gedacht, sondern soll dir mit meiner ganz persönlichen Laufgeschichte auch zu folgendem Gedanken verhelfen: Wenn die das schafft, dann schaff' ich das auch! Die eigene Motivation finden, dranbleiben, Rückschläge wegstecken, von großen Zielen träumen – und diese realisieren. Ich bin vielleicht nicht die athletischste Sportlerin oder schnellste

Läuferin, aber ich habe eine ausgeprägte Willensstärke. Das hat mich von der einstigen Laufhasserin zur begeisterten Ultraläuferin gemacht.

Welche Ziele hast *DU*, wofür es sich zu kämpfen lohnt? Und mit Sicherheit hast du welche, sonst hättest du nicht zu diesem Buch gegriffen. Sei es, 5 Kilometer zu schaffen, abzunehmen oder mehr Lebensfreude zu entwickeln. Geh deinen eigenen Weg, und spüre, welche Leidenschaft in dir brennt.

Du kannst rumsitzen und davon träumen.
Oder rausgehen und es wahr werden lassen.

Danke!

Ich danke all denjenigen von ganzem Herzen, die dazu beigetragen haben, dass dieses Buch entstehen konnte. Allen meinen Läufern und Lauf-Gruppen, die mir die Ideen und die Fragen lieferten, die Anfänger interessieren könnten, und jene, die mir mit ihren Feedbacks die Möglichkeit gaben, mich und mein Konzept zu diesem Buch stets weiterzuentwickeln. Aber auch allen, die aktiv an der Entstehung des Buches mitgewirkt haben: Oliver Weis, Rebekka Pfeiffer, Marion Raab, Kerstin Schmidt, Dr. Oliver Plein, Dr. Claudia Kümper, Luca Nicklisch, Claudia Scholz, Doreen Beyer, Theresa Klein, Julia Pfitzner, Gabriele Richter, Maruschka Weber, Randolf Ruf, Stefanie Gaebe, Muriel Petersilie und Roy Hinnen.

Vielleicht bist du mal im Frankfurter Raum unterwegs. Dann würde ich mich sehr freuen, dich zu einem Personal Training zu treffen – oder dich im Rahmen meines Anfänger-Lauftreffs begrüßen zu dürfen. Schreibe mir eine E-Mail an: kontakt@hadbawnik.de

Weitere Infos zu den Trainingseinheiten, Kraftübungen sowie Lauf-Equipment findest du unter: www.laufen-lieben-lernen.de

Laufbücher

Diese Bücher haben mich geprägt und bis heute auf meinem Weg als Läuferin begleitet:

Beck, Hubert: *Das große Buch vom Ultramarathon.* Copress Verlag, 2013

Beverly, Jonathan: *Your best stride.* Rodale, 2017.

Dicharry, Jay: *Running Rewired: Reinvent your run for stability, strength & speed.* Velopress, 2017

Dreyer, Danny; Dreyer, Katherine: *Chi-Running.* Covadonga Verlag, 2010

Dr. Feil, Wolfgang; Dr. Feil, Friederike: *Die F-AS-T Formel.* Forschungsgruppe Dr. Feil, 2014

Finn, Adharanand: *Der Aufstieg der Ultra-Läufer.* Egoth Verlag, 2019

Finn, Adharanand: *Im Land des Laufens.* Malik, 2012

Fitzgerald, Matt: *80/20 Running.* New American Library, 2014

Hinnen, Roy: *Triathlon Total: Dein Weg zur neuen Bestzeit.* Sportwelt Verlag, 2020

Jost, Herbert: *Laufen: Handbuch für Sport und Fitness.* Rowohlt Verlag, 2000

Jornet, Kilian: *Lauf oder stirb.* Malik Verlag, 2017

Karnazes, Dean: *Ultramarathon Man.* Riva Verlag, 2017

Liebscher-Bracht, Roland; Dr. Bracht, Petra: *Knie-Schmerzen selbst behandeln.* Gräfe und Unzer Verlag, 2019

Liebscher-Bracht, Roland; Dr. Bracht, Petra: *Die Arthrose Lüge.* Goldmann Verlag, 2017

Dr. Marquardt, Matthias: *Die Laufbibel.* spomedis Verlag, 2007

McDougall, Christopher: *Born to Run.* Karl Blessing Verlag, 2009

Mierke, Ken: *Lauftraining für Triathleten und Marathonläufer.* Sportwelt Verlag, 2007

Murakami, Haruki: *Wovon ich rede, wenn ich vom Laufen rede.* Dumont Buchverlag, 2008

Roll, Rich: *Finding Ultra.* Unimedica, 2015

Romanov, Nicolas: *Besser Laufen mit der Pose Method.* Riva Verlag, 2018

Séhel, Solarberg: *Mittelfußlauf: Light Feet Running.* Copress Verlag, 2017

Sonntag, Werner: *Mehr als Marathon: Wege zum Ultralauf.* Sportwelt Verlag, 2013

Starrett, Kelly; Murphy, T.J.: *Ready to run: Entfessle dein natürliches Laufpotenzial.* riva Verlag, 2017

Stechmann, Klaas; Radlanski, Kalina: *Arbeitsbuch Triggerpunkt- und Faszientherapie.* KVM, 2017

Steffny, Herbert; Pramann, Ulrich: *Perfektes Marathon-Training.* Südwest Verlag, 2002

Wefelnberg, Brigid: *The Track: Auf Umwegen zur Extremläuferin.* Piper Verlag, 2017

Laufen **lieben** lernen

Autorin

Iris Hadbawnik (Jg. 1973) lebt als Autorin, Lauftrainerin und Verlagsinhaberin in Frankfurt am Main. Sie läuft seit über 20 Jahren, meisterte mehr als 30 Marathon- und über 40 Ultraläufe, bewältigte 2x den Ironman in Frankfurt und 2015 den Triple Ultra Triathlon in Lensahn.

Zum Thema Extremsport verfasste sie zwei Bücher: „Bis ans Limit – und darüber hinaus" (Verlag Die Werkstatt, 2. Auflage 2013) sowie „Mythos Mount Everest" (Verlag Die Werkstatt, 2013).

Weiterhin war sie Co-Autorin der Biografie des Extremsportlers Wolfgang Kulow „Das Unvorstellbare wagen" (Verlag Die Werkstatt, 2016), von „Schweiß, Schlamm und Endorphine: Alles über Extrem-Hindernisläufe und wie man sie meistert" von Raffael Zeller (Komplett Media, 2017), von „Go hard or go home: Faszination Ultratriathlon" von Daniel Meier (Sportwelt Verlag, 2018) und von „Abenteuer Unlimited: Mein Leben im Grenzbereich" von Helmut Linzbichler (Sportwelt Verlag, 2019).

Weitere Infos unter: www.hadbawnik.de

Autorin

Absolvierte Wettkämpfe (Auswahl):

➡ 16x Frankfurt Marathon
➡ 3x Mainz Marathon
➡ Berlin Marathon
➡ Hamburg Marathon
➡ Köln Marathon
➡ Diverse 6-, 12- und 24-Stunden-Läufe
➡ Rennsteig nonstop (168 km, 2.700 hm)
➡ Mauerweglauf (100 Meilen, 161 km)
➡ MIAU: München bis Innsbruck (100 Meilen, 161 km)
➡ 100 km von Biel
➡ 2x Rennsteiglauf (72,7 km)
➡ 7x 50 km-Ultramarathon des RLT Rodgau
➡ Lavaredo Ultratrail (118 km, 5.740 hm)
➡ Ultratrail du Mont Blanc (104 km, 5.800 hm – wegen Wettersturz gekürzt)
➡ Zugspitz Ultratrail (101 km, 5.474 hm)
➡ Barbarossa Etappenlauf (326 km, 5.850 hm in 5 Tagen)
➡ Transalpine Run (260 km, 16.000 hm in 8 Tagen)
➡ 2x Ironman Frankfurt (3,8 km Schwimmen, 180 km Rad, 42,2 km Laufen)
➡ 1x Triple Ultra Triathlon Lensahn (11,4 km Schwimmen, 540 km Rad, 126,6 km Laufen)

Weitere Infos zu den Läufen unter: www.UltraRunners.de

DAS LEBEN IST ZU KURZ FÜR IRGENDWANN.

Abenteuer *Unlimited*: Mein Leben im Grenzbereich
von Helmut Linzbichler

240 Seiten mit zahlreichen Farbfotos
ISBN 978-3-941297-42-5
19,90 € (D) · 20,50 € (A)
Auch als eBook erhältlich.
ISBN 978-3-941297-44-9

(Extrem-)Sport prägt das Leben von Helmut Linzbichler: Er stand als ältester Europäer auf dem Gipfel des Mount Everest, bestieg alle Seven Summits, lief beim Badwater Ultramarathon mehr als 200 km durch das Tal des Todes und beim Transamerikalauf 5.000 km quer durch die USA. Das Herantasten an die eigenen Grenzen – körperlich ebenso wie mental – ist das Lebenselixier des Österreichers.

„Abenteuer *Unlimited*" erzählt von intensiven Leidenschaften und dem Streben nach neuen, scheinbar unerreichbaren Zielen. Von überwältigenden Erfolgen, aber auch vom Umgang mit Niederlagen und schweren Schicksalsschlägen. Getreu dem Motto „Das Leben ist zu kurz für irgendwann", weiß Helmut Linzbichler aus eigener Erfahrung:

*Es ist nie zu spät, seine Träume zu leben –
egal in welchem Alter.*

Weitere Titel im Internet: www.sportwelt-verlag.de

100% TRIATHLON

it „100% Triathlon" beantwortet Roy
innen die 100 spannendsten Fragen
nd ums Triathlon-Training — entwaff-
end ehrlich und schonungslos offen.
er geht es nicht nur um Swim, Bike,
un, sondern auch um Tabuthemen wie
ping, Magersucht oder Sexualität.

uthentisch, direkt und ungefiltert.

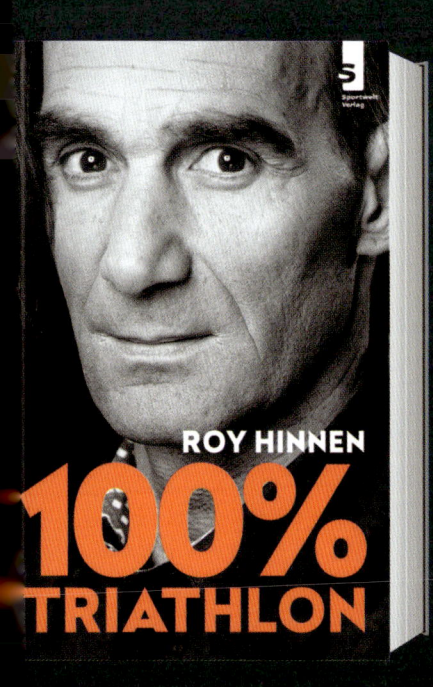

ROY HINNEN
100% TRIATHLON

ÜBER
7.300
YOUTUBE-
ABONNENTEN

)% Triathlon: 100 Fragen aus 20 Jahren Coaching
Roy Hinnen

Seiten
N 978-3-941297-47-0
0 € (D) / 20,50 € (A)
h als eBook erhältlich:
N 978-3-941297-48-7

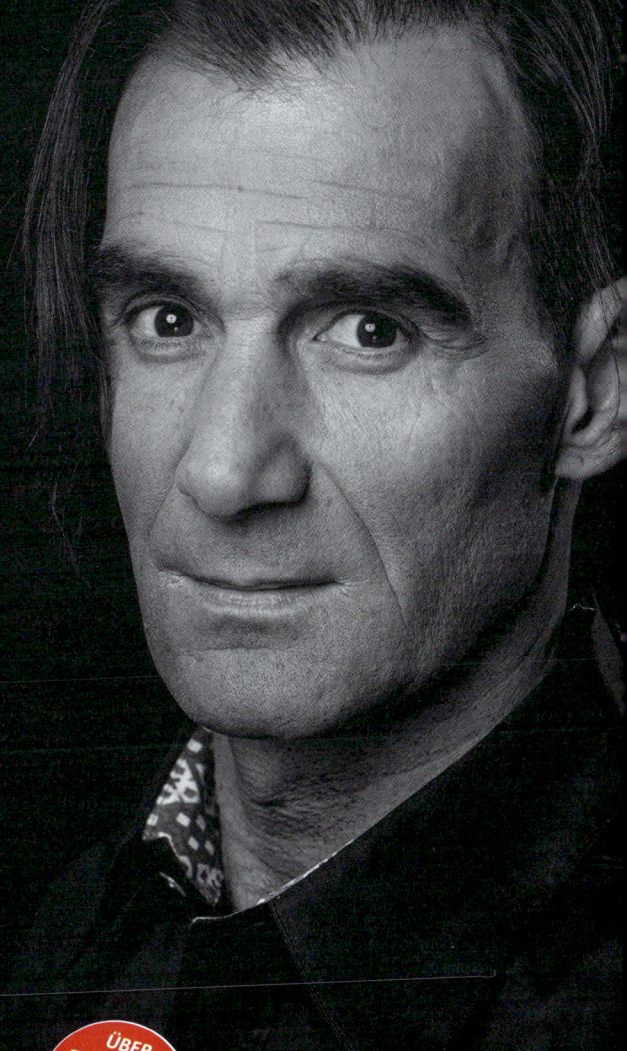

„Wenn du zurück
zur Quelle willst,
dann musst du
gegen den Strom
schwimmen."

Laufen lieben lernen

Impressum

Umschlaggestaltung und Satz: Röser MEDIA GmbH & Co. KG, Karlsruhe
Umschlagfotos:
rido/123RF.com, Kamil Macniak/123RF.com, iakovenko/123RF.com, nd3000/123RF.com, olegdudko/123RF.com, ammentorp/123RF.com, lacheev/123RF.com, Nicolas Menijes Crego/123RF.com
Redaktion: Brigitte Caspary
Fotos:
Privatarchiv Iris Hadbawnik: S. 17, S. 18, S. S. 20, S. 21, S. 23, S. 24, S. 27, S. 55, S. 61, S. 78, S. 79, S. 101, S. 102, S. 119, S. 136-137, S. 141, S. 173, S. 185; Oliver Weis: S. 26, S. 28-29, S. 32, S. 40, S. 51, S. 53, S. 71, S. 82-83, S. 88, S. 95, S. 106, S. 115, S. 116, S. 118, S. 123, S. 124, S. 125, S. 142, S. 144, S. 155, S. 171, S. 177, S. 186, S. 192; olegdudko/123RF.com: S. 10-11; Luca Nicklisch: S. 69, S. 198; flashsport: S. 77; Helmut Opolka: S. 92; Jacek Chabraszewski/123RF.com: S. 94; Koba Samurkasov/123RF.com: S. 94; picsfive/123RF.com: S. 94; dotshock/123RF.com: S. 94; Arpad Radoczy/123RF.com: S. 94; lzflzf/123RF.com: S. 94; Martin Novak/123RF.com: S. 101; microgen/123RF.com: S. 117, Jonas Koller / Phillip Pflieger: S. 119; Jeanette Weihe: S. 129; Claudia Scholz: S. 133, S. 134; Petra Berger: S. 145; Nadine Zahradnik: S. 148; Svende Kümper: S. 191

1. Auflage November 2020
© Sportwelt Verlag
Luthmerstraße 14
65934 Frankfurt am Main
mail@sportwelt-verlag.de
www.sportwelt-verlag.de

Alle Rechte vorbehalten, einschließlich derjenigen des auszugsweisen Abdrucks sowie der photomechanischen und elektronischen Wiedergabe.

Autor, Herausgeber und die zitierten Quellen haften nicht für etwaige Schäden, die aufgrund der Umsetzung ihrer Gedanken und Ideen entstehen. Die Lektüre dieses Buches kann kein Ersatz für eine Rücksprache mit Ihrem Arzt, Trainer oder Physiotherapeuten sein.

ISBN Print 978-3-941297-45-6 · ISBN eBook 978-3-941297-46-3

Weitere Titel im Internet unter www.sportwelt-verlag.de